AF275240

COLEX

GRACIAS POR CONFIAR EN COLEX

Disfrute gratuitamente **DURANTE UN AÑO** de los eBook, audiolibros y Colex Copilot de las obras de Editorial Colex*

ACTIVA TU CÓDIGO PARA ACCEDER A LOS SERVICIOS

1. Accede a **www.colex.es**.

2. Inicia sesión o regístrate como usuario.

3. Dirígete al menú de usuario y haz clic en **«Mis códigos»**.

4. Introduce el siguiente código **(RASCA PARA VER EL CÓDIGO)**:

◆ Una vez se valide el código, aparecerá una ventana de confirmación y su eBook / audiolibro / Colex copilot estarán activos **durante 1 año desde su activación** en la pestaña «Mis libros» en el menú de usuario.

* Los audiolibros están disponibles en las ediciones más recientes de nuestras obras. Se excluyen expresamente las colecciones «Códigos comentados», «Biblioteca digital» y los productos de www.vademecumlegal.es. Colex Copilot únicamente está disponible en las ediciones más recientes de las colecciones «Paso a paso» y «Vademecum».

No se admitirá la devolución si el código promocional ha sido manipulado y/o utilizado.

¡Gracias por confiar en nosotros!

La obra que acaba de adquirir incluye de forma gratuita la versión electrónica.

Acceda a nuestra página web para aprovechar todas las funcionalidades de las que dispone en nuestro lector.

Funcionalidades eBook

Acceso desde cualquier dispositivo con conexión a internet

Idéntica visualización a la edición de papel

Navegación intuitiva

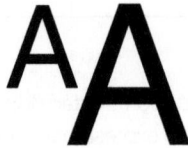

Tamaño del texto adaptable

Síguenos en:

NUEVA FUNCIONALIDAD CON INTELIGENCIA ARTIFICIAL EN LOS LIBROS DE COLEX

| Una cortesía de Iberley.es |

En Colex damos un paso más en innovación jurídica. Desde ahora, las guías «Paso a paso» y los «Vademecum» incorporan una nueva funcionalidad basada en **inteligencia artificial**, gracias a la tecnología de **Iberley IA**.

El lector podrá interactuar directamente con el contenido del libro de forma inmediata, útil y centrada exclusivamente en su materia.

☑ ¿Qué puede hacer el usuario en el libro?

- 💬 Realizar preguntas sobre el contenido del libro.

- 📚 Solicitar explicaciones de artículos, conceptos o normativa.

- 💥 Utilizar un ChatBot inteligente, contextualizado y acoplado al contenido legal del libro.

- 💡 Resolver dudas puntuales mientras se estudia o trabaja con la obra.

☒ ¿Qué no puede hacer esta versión del ChatBot?

- ✗ No permite generar escritos jurídicos.

- ✗ No analiza ni responde documentos externos.

- ✗ No responde a consultas de otras materias distintas a la del libro.

Esta herramienta está pensada para enriquecer la experiencia de lectura y consulta del libro. Su uso es exclusivo sobre su contenido.

¿QUIERES IR MÁS ALLÁ? DESCUBRE IBERLEY IA

Si necesitas una **solución avanzada de inteligencia legal**, con cobertura total de materias y documentos, entra en **www.iberley.es** y accede a todas las funcionalidades profesionales:

CUADRO SIMBÓLICO DE FUNCIONALIDADES		
Funcionalidad	**En los libros Colex**	**En Iberley.es**
Preguntar sobre el contenido del libro	✓	✓
Solicitar explicaciones jurídicas	✓	✓
ChatBot integrado al contenido del libro	✓	✓
Consultas sobre otras materias	✗	✓
Análisis de documentos externos	✗	✓
Generación de escritos jurídicos	✗	✓
Traducción jurídica	✗	✓
Informes y resúmenes legales automáticos	✗	✓
Contratos, guías prácticas y emails para clientes	✗	✓
Estrategias judiciales y jurisprudencia instantánea	✗	✓

DELITOS CONTRA LA LIBERTAD SEXUAL

Análisis teórico-práctico de los delitos sexuales en el derecho penal español: aspectos técnicos, evolución jurisprudencial y redefinición de la agresión sexual tras la LO 10/2022

DELITOS CONTRA LA LIBERTAD SEXUAL

Análisis teórico-práctico de los delitos sexuales
en el derecho penal español: aspectos técnicos,
evolución jurisprudencial y redefinición de
la agresión sexual tras la LO 10/2022

EDICIÓN 2026

**Obra realizada por el Departamento de
Documentación de Iberley**

COLEX 2026

© Editorial Colex, S.L.
Calle Costa Rica, número 5, 3.º B (local comercial)
A Coruña, 15004, A Coruña (Galicia)
info@colex.es
www.colex.es

I.S.B.N.: 979-13-7011-639-2
Depósito legal: C 271-2026

SUMARIO

ANEXO.
CASOS PRÁTICOS

0.
LOS DELITOS CONTRA LA LIBERTAD SEXUAL

Marco legal y bien jurídico protegido en los delitos contra la libertad sexual

Los delitos contra la libertad sexual vienen regulados en el título VIII del libro II del Código Penal, que transita desde las conductas más graves, centradas en la violencia directa sobre la víctima, hacia conductas que, sin contacto físico o con menor intensidad, afectan gravemente al ámbito sexual:

- Capítulo I «*De las agresiones sexuales*» (artículo 178 del Código Penal y siguientes).

- Capítulo II «*De las agresiones sexuales a menores de dieciséis años*» (artículo 181 del Código Penal y siguientes).

- Capítulo III «*Del acoso sexual*» (artículo 184 del Código Penal).

- Capítulo IV «*De los delitos de exhibicionismo y provocación sexual*» (artículo 185 del Código Penal y artículo 186 del Código Penal).

- Capítulo V «*De los delitos relativos a la prostitución y a la explotación sexual y corrupción de menores*» (artículo 187 del Código Penal y siguientes).

- Capítulo VI «*Disposiciones comunes*» (artículo 190 del Código Penal y siguientes).

El **bien jurídico protegido** en todos estos tipos penales es:

1. La **libertad sexual**, entendida como la capacidad de decidir libremente sobre la actividad sexual.

2. La **indemnidad sexual**, la cual protege a quienes, por su edad o situación, no pueden prestar consentimiento válido.

Disposiciones comunes a los delitos contra la libertad sexual

El capítulo VI contiene normas transversales de gran importancia práctica.

|| Necesidad (o no) de denuncia

El artículo 191 del Código Penal expone que, para proceder por delitos de agresiones sexuales y acoso sexual, en general se requiere **denuncia de la víctima, su representante legal o querella del Ministerio Fiscal**, que ponderará los intereses en juego. No obstante, cuando la víctima sea menor de edad, persona con discapacidad necesitada de especial protección o persona desvalida, basta con la denuncia del Ministerio Fiscal.

A mayores, se establece que el **perdón del ofendido** no extingue la acción penal ni la responsabilidad criminal.

|| Libertad vigilada e inhabilitaciones

El artículo 192 del Código Penal se establece que:

- Quienes sean condenados por uno o más delitos del título VIII, se les impondrá, como regla general, una medida de **libertad vigilada** posterior a la pena de prisión, con duración variable según la gravedad (hasta 10 años si hay delito grave).

- Para delitos sexuales con víctimas menores se prevé, además: **privación de derechos** de patria potestad, tutela, curatela, guarda o acogimiento e **inhabilitación especial** para cualquier profesión u oficio con contacto regular y directo con menores, por amplios periodos (hasta 20 años).

1.
DELITO DE AGRESIÓN SEXUAL

La protección penal de la libertad sexual: el nuevo modelo de agresión sexual

A TENER EN CUENTA. El artículo 178 del Código Penal se vio reformado por la publicación de la Ley Orgánica 10/2022, de 6 de septiembre, de garantía integral de la libertad sexual, en vigor desde el 07/10/2022. Posteriormente, fue nuevamente reformado por la Ley Orgánica 4/2023, de 27 de abril, con entrada en vigor el 29/04/2023, quedando redactado de la siguiente manera:

«1. Será castigado con la pena de prisión de uno a cuatro años, como responsable de agresión sexual, el que realice cualquier acto que atente contra la libertad sexual de otra persona sin su consentimiento. Sólo se entenderá que hay consentimiento cuando se haya manifestado libremente mediante actos que, en atención a las circunstancias del caso, expresen de manera clara la voluntad de la persona.

2. Se consideran en todo caso agresión sexual los actos de contenido sexual que se realicen empleando violencia, intimidación o abuso de una situación de superioridad o de vulnerabilidad de la víctima, así como los que se ejecuten sobre personas que se hallen privadas de sentido o de cuya situación mental se abusare y los que se realicen cuando la víctima tenga anulada por cualquier causa su voluntad.

3. Si la agresión se hubiera cometido empleando violencia o intimidación o sobre una víctima que tenga anulada por cualquier causa su voluntad, su responsable será castigado con la pena de uno a cinco años de prisión.

4. El órgano sentenciador, razonándolo en la sentencia, y siempre que no medie violencia o intimidación o que la víctima tuviera anulada por cualquier causa su voluntad o no concurran las circunstancias del artículo 180, podrá imponer la pena de prisión en su mitad inferior o multa de dieciocho a veinticuatro meses, en atención a la menor entidad del hecho y a las circunstancias personales del culpable».

Evolución legislativa en materia de agresión sexual

La regulación actual de las agresiones sexuales es el resultado de un proceso de **profunda evolución** normativa desde la instauración del régimen constitucional democrático, vinculado directamente al reconocimiento de la libertad sexual como manifestación esencial de la libertad individual, protegida por la Constitución.

En este proceso de transformación normativa se ha ido abandonando progresivamente una concepción anclada en la moral sexual dominante o en la tutela de intereses familiares o matrimoniales, propia de etapas históricas anteriores, para situar en el centro de la protección penal la **autodeterminación sexual de la persona**. Esta evolución resulta especialmente visible en el ámbito de los delitos sexuales, al tratarse de ilícitos particularmente sensibles a los cambios en el pensamiento social y en la configuración de los roles de género.

En este sentido, la sentencia del Tribunal Supremo n.º 344/2019, de 4 de julio, ECLI:ES:TS:2019:2200, pone de relieve que los delitos sexuales han constituido históricamente un claro exponente de cómo las normas jurídicas han contribuido a la creación y perpetuación de estereotipos y roles sociales, que durante siglos han sustentado una distribución desigual de derechos y obligaciones, afectando de manera especialmente discriminatoria a las mujeres.

Este enfoque constitucional y jurisprudencial sirve de base a las reformas más recientes, orientadas a reforzar una protección penal centrada en la dignidad, la igualdad y la autonomía sexual.

Reforma estructural introducida por la LO 10/2022, de 6 de septiembre

La LO 10/2022, de 6 de septiembre, de garantía de la libertad sexual, supuso un cambio de paradigma en la regulación de estos delitos. La reforma eliminó la tradicional distinción entre abuso sexual y agresión sexual, configurándose **un único tipo penal de agresión sexual**, definido exclusivamente por la **ausencia de consentimiento**. De este modo, cualquier conducta que atente contra la libertad sexual sin una manifestación libre y clara de la voluntad de la víctima para a integrar el tipo penal, con independencia de que concurra o no violencia o intimidación.

El consentimiento se erige, así como un **elemento nuclear del tipo**, entendiéndose únicamente existente cuando se manifiesta de forma libre y clara mediante actos concluyentes, valorados conforme a las circunstancias del caso concreto. Este modelo responde a los compromisos internacionales asumidos por España, en particular tras la ratificación del Convenio de Estambul, y persigue evitar interpretaciones basadas en la resistencia física de la víctima o en estereotipos que puedan generar situaciones de victimización secundaria.

A TENER EN CUENTA. El Convenio de Estambul, adoptado por el Consejo de Europa el 11 de mayo de 2011, establece en su artículo 36 la obligación de los Estados de tipificar penalmente la violencia sexual, incluida la violación, comprendiendo tanto la penetración vaginal, anal u oral no consentida como cualquier otro acto sexual no consentido, así como la imposición de actos sexuales con un tercero. Este precepto sitúa el consentimiento como eje delimitador de la licitud de la conducta sexual, desvinculado la tipificación del uso de violencia o resistencia física.

El propio Convenio define el consentimiento como una manifestación voluntaria del libre arbitrio de la persona, que debe valorarse atendiendo al contexto de las circunstancias concurrentes. De esta definición se desprende de forma inequívoca que la ausencia de resistencia física no puede interpretarse como consentimiento, siendo necesario que éste se manifieste de forma expresa o se deduzca claramente de la conducta y del entorno en el que se producen los hechos.

Esta concepción ha sido plenamente asumida por la jurisprudencia del Tribunal Supremo, reforzando la protección de la autodeterminación sexual, afirmando que solo un consentimiento libre, claro y verificable excluye la relevancia de los actos de naturaleza sexual.

Así mismo, la reforma incorpora nuevas formas de comisión, como la **anulación de la voluntad mediante sustancias**, lo que permite integrar sin dificultad penal supuestos de la denominada «**sumisión química**». Esta modalidad se contempla tanto como forma de comisión del delito como circunstancia agravante específica cuando concurre junto a otros elementos de especial gravedad.

CUESTIÓN

¿Cuál era la diferencia entre abuso sexual y agresión sexual antes de la reforma de 2022?

Antes de la reforma operada por la LO 10/2022, de 6 de septiembre, el Código Penal distinguía como **dos tipos diferenciados la agresión sexual y el abuso sexual**, en función de la presencia o ausencia de violencia o intimidación sobre la víctima. Esta distinción resultaba crucial tanto para la calificación penal como para la determinación de las penas. La jurisprudencia del Tribunal Supremo contribuyó a precisar los elementos esenciales de cada tipo, así como los criterios para diferenciar un acto de agresión sexual de un abuso sexual.

El delito de **agresión sexual** (antiguo artículo 178 del CP) se caracterizaba por la concurrencia de **violencia o intimidación** sobre la víctima (además de la conducta de naturaleza sexual y la ausencia de consentimiento libre de la víctima). Cabe resaltar que la jurisprudencia del Tribunal Supremo, especialmente la sentencia del caso de La Manada subraya que la violencia o intimidación podía ser física o psíquica. Este tipo básico de agresión sexual se castigaba con la pena de prisión de 1 a 5 años.

Por otro lado, el delito de **abuso sexual** (antiguo artículo 181 del CP), se configuraba como un acto sexual **sin consentimiento**, pero sin que mediara violencia o intimidación, por lo que se consideraba un tipo menos grave, imponiéndose una pena de prisión de 1 a 3 años.

‖ Ajustes técnicos de la LO 4/2023, de 27 de abril

La LO 4/2023, de 27 de abril, no altera este modelo sustantivo instaurado en 2022, pero introduce modificaciones técnicas relevantes en el artículo 178 del Código Penal, reformando su apartado segundo, incorporando un nuevo apartado tercero y renumerando el anterior, con el objetivo de **ajustas los**

marcos penales y evitar efectos indeseados derivados de la amplitud de las penas mínimas, especialmente en supuestos de mayor gravedad. Esta reforma busca reforzar la protección de las víctimas sin desnaturalizar el eje central de la regulación, que sigue siendo el consentimiento.

La finalidad de esta reforma es la de reforzar la protección de las víctimas y garantizar una respuesta penal proporcionada, evitando que en los supuesto más graves puedan imponerse penas excesivamente reducidas, sin afectar al núcleo conceptual del consentimiento.

A TENER EN CUENTA. Debe subrayarse que, en el modelo actual de tipificación penal, la agresión sexual no se define por la existencia de penetración, sino por la concurrencia de violencia o intimidación, o por la ausencia de consentimiento. Por tanto, la diferencia entre las conductas menos graves y las modalidades más graves de agresión sexual no radica en el acceso carnal, sino en la utilización de violencia, intimidación o en la especial afectación a la voluntad de la víctima.

|| Aportaciones jurisprudenciales relevantes y aspectos procesales

La jurisprudencia del Tribunal Supremo ha desempeñado un papel esencial en la consolidación del actual modelo interpretativo. Ya con anterioridad a las últimas reformas, los Plenos no jurisdiccionales de la Sala Segunda habían señalado la necesidad de **prescindir de toda exigencia de resistencia por parte de la víctima**, así como de extremar el cuidado en la valoración del consentimiento y de las amenazas implícitas o explícitas. Igualmente, se ha precisado el concepto de acceso carnal, afirmándose su equivalencia tanto cuando el autor realiza materialmente la penetración como cuando impone a la víctima la realización del acto, criterio reiterado de forma constante en la jurisprudencia posterior. En cuanto a las consecuencias psíquicas derivadas de la agresión sexual, el Alto Tribunal ha establecido que, con carácter general, estas quedan absorbidas por el tipo penal correspondiente, sin perjuicio de su adecuada valoración a efectos de responsabilidad civil.

La evolución normativa y jurisprudencial también ha tenido reflejo en el ámbito procesal. En particular, se han precisados las garantías aplicables a la **obtención de pruebas biológicas de ADN**, considerándose suficiente la autorización judicial para su práctica (STS n.º 948/2013, de 10 de diciembre, ECLI:ES:TS:2013:6351) y admitiéndose la recogida policial de restos biológicos abandonados, siempre que se respeten los derechos fundamentales del investigado (STS n.º 179/2006, de 14 de febrero, ECLI:ES:TS:2006:760). Asimismo, se ha reforzado la exigencia de **asistencia letrada** en la toma de muestras cuando el investigado se encuentre detenido y preste su consentimiento (STS n.º 734/2014, de 11 de noviembre, ECLI:ES:TS:2014:4722), consolidando así un equilibrio entre eficacia probatoria y garantías procesales.

Bien jurídico protegido en el delito de agresión sexual

La libertad sexual constituye un bien jurídico fundamental que protege la **libertad sexual**, es decir, la autodeterminación de la persona en el ámbito sexual.

Conforme a la doctrina del Tribunal Supremo (STS n.º 227/2021, de 11 de marzo, ECLI:ES:TS:2021:1914 y las allí citadas), se articula en una doble dimensión:

- **Dimensión positiva o dinámica**: garantiza el libre ejercicio de la sexualidad, limitado únicamente por el respeto a la libertad sexual de los demás.

- **Dimensión negativa o estática**: reconoce el derecho de toda persona a no verse involucrada, ni activa ni pasivamente, en conductas de contenido sexual no deseadas, así como a repeler las agresiones sexuales de terceros.

En consecuencia, todo acto de naturaleza sexual impuesto sin un consentimiento válido constituye una vulneración de la libertad sexual y, por tanto, un ataque penalmente relevante contra dicho bien jurídico. Esta concepción resulta plenamente coherente con la configuración actual de los delitos contra la libertad sexual en el Código Penal, especialmente tras la centralidad otorgada al consentimiento como eje delimitador de la licitud de la conducta.

JURISPRUDENCIA

Sentencia del Tribunal Supremo n.º 344/2019, de 4 de julio, ECLI:ES:TS:2019:2200 (sentencia de *La Manada*, anterior a la reforma de 2022)

*«La evolución de las reformas en los delitos contra la libertad sexual que desde la instauración del régimen democrático constitucional, hasta la actualidad, han tenido lugar, se ha venido ejecutando paulatinamente la idead de la **tutela de la libertad sexual como parcela básica de la libertad del individuo a la luz de los valores de la Constitución**, y ello con el consiguiente abandono del concepto de moral sexual dominante y de la protección de intereses familiares o matrimoniales, ya que se trata de delitos susceptibles de verse afectados por la evolución del pensamiento social como ocurre con los delitos sexuales.*

Tal y como ha afirmado la doctrina más destacada los llamados delitos sexuales han sido un exponente claro de la función de las normas jurídicas en la recreación de los estereotipos y roles sociales que han definido durante siglos la distribución desigual de derechos y obligaciones, discriminando las posibilidades de las mujeres.

La nueva catalogación jurídico-penal de los delitos contra la libertad sexual que se diseña en el Código Penal de 1995, ha producido cierta confusión que ha sido recogida en varias sentencias de esta Sala, y en palabras de la STS 355/2015, de 28 de mayo, debe ponerse de manifiesto en que 'el error procede de la confusión de identificar agresión con el antiguo delito de violación, es decir con la concurrencia de penetración, y no como sucede en el modelo de tipificación actual, con la concurrencia de violencia o intimidación. Por ello es procedente recalcar, para evitar la reiteración de estos errores, que en el modelo actual de tipificación penal de los delitos contra la libertad sexual, la diferencia entre los tipos de abuso sexual y los más graves de agresión sexual, no consiste en la concurrencia de acceso carnal, sino en la utilización de violencia o intimidación'».

Tipo básico del delito de agresión sexual

El apartado 1 del artículo 178 del Código Penal define la agresión sexual como «*(...) cualquier acto que atente contra la libertad sexual de otra persona sin su consentimiento*». Por tanto, es evidente que el elemento central del tipo es el **consentimiento**, que pasa a ser el auténtico eje de la tipicidad. Se establece la **pena** de prisión de 1 a 4 años.

Este tipo penal es un delito esencialmente doloso, que no admite comisión imprudente. Así pues, el **tipo subjetivo** viene integrado por el **dolo**, entendido como el conocimiento y la voluntad de realizar un acto de contenido sexual sobre otra persona sin su consentimiento. No se exige un ánimo específico adicional, como el ánimo libidinoso o de satisfacción sexual, bastando con la conciencia de la significación sexual del acto y de la ausencia de consentimiento de la víctima.

> **A TENER EN CUENTA**. Parte de la jurisprudencia examinada aplica la regulación anterior a la reforma de 2022, por lo que, aplicando el marco normativo anterior, se hace referencia a categorías típicas hoy derogadas, sin que ello reste valor interpretativo a sus criterios.

|| El consentimiento en el delito de agresión sexual

El legislador define expresamente el consentimiento, señalando que «*Sólo se entenderá que hay consentimiento cuando se haya manifestado libremente mediante actos que, en atención a las circunstancias del caso, expresen de manera clara la voluntad de la persona*». Así pues, se elimina cualquier referencia a la resistencia de la víctima, consolidando un enfoque centrado en la voluntad afirmativa, evitando interpretaciones revictimizantes, tal y como ya venía declarando la jurisprudencia del TS.

CUESTIONES

1. ¿Puede presumirse o inferirse de la mera percepción subjetiva del autor el consentimiento de la víctima?

La sentencia del Tribunal Supremo n.º 410/2025, de 7 de mayo, ECLI:ES:TS:2025:2004, desarrolla el concepto del consentimiento como elemento nuclear de los delitos contra la libertad sexual, estableciendo que la «creencia» de que la otra persona consiente carece de eficacia jurídica. **El consentimiento no es válido si no se manifiesta de forma objetiva y verificable**. Como subraya el TS, «no es suficiente pensar que hay consentimiento», sino que debe existir certeza de que la otra persona ha querido participar en el acto sexual.

El consentimiento, sentencia el Alto Tribunal, ha de **manifestarse de manera clara, ya sea de forma expresa o tácita**, pero siempre a partir de actos inequívocos de la víctima. Queda así excluida cualquier forma de consentimiento ambiguo, dudoso o construido unilateralmente por quien realiza el acto.

A mayores, la sentencia insiste en la **bilateralidad del consentimiento**. El acto sexual no puede ser decidido por una sola de las partes, sino que requiere un verdadero pacto bilateral. El consentimiento, por ende, no es patrimonio imperativo del agresor, ni puede apoyarse en gestos neutros, contextos de confianza, relaciones de compañerismo o ausencia de oposición expresa. La carga recae en quien inicia el acto sexual, que debe asegurarse de que la otra persona consiente de forma clara.

Por último, se desprende de la sentencia que **el silencio, la pasividad o la falta de resistencia física no equivalen a consentimiento**. La víctima no tiene la obligación de soportar tocamientos sexuales no deseados, ni de reaccionar de forma inmediata o enérgica para que se entienda negado el consentimiento. El contexto de cercanía, ocio compartido o relaciones previas no transforma en consentidos unos actos que objetivamente no lo son.

2. ¿Constituye delito de agresión sexual —en la fecha de los hechos abuso sexual— mantener relaciones sexuales con tu marido por miedo a decir «no»?

Una mujer vive con su marido en un contexto de maltrato psicológico (insultos frecuentes, control económico, amenazas veladas, golpes a muebles...). El marido nunca llega a agredir físicamente a la víctima ni la fuerza sexualmente ya que, en algunas ocasiones la víctima mantuvo relaciones sexuales con él «por miedo a sus reacciones», especialmente cuando se encontraba bebido o drogado. Sin embargo, no llegó a manifestarle verbalmente que no quería, no hizo gestos claros de rechazo, adoptó una actitud pasiva, «dejándole hacer» para evitar conflictos y no le reprochó después esos episodios. No se concretan fechas ni circunstancias específicas de cada relación sexual enjuiciada.

> **A TENER EN CUENTA**. El Código Penal que resulta de aplicación a estos hechos es el ajustado a la redacción dada por la LO 5/2010, que tipificaba el delito de abuso sexual.

La sentencia del Tribunal Supremo n.º 288/2024, de 21 de marzo, ECLI:ES:TS:2024:1764, la cual resuelve este caso, entiende que no es suficiente para mantener una condena por abuso sexual esta situación, salvo que se concreten mejor los episodios y se apruebe que él percibía la falta de consentimiento. Recalca el tribunal que **no se exige que la víctima diga literalmente «no» ni que oponga resistencia física, pero sí que haya señales perceptibles (palabras, gestos...) de las que el autor pueda deducir el rechazo**. En este caso, hay un claro delito de maltrato habitual (apartado 2 del artículo 173 del Código Penal), pero las relaciones sexuales «por miedo» se describen de forma muy genérica, no se individualizan los episodios, no se relatan expresiones verbales ni conductas de rechazo que él ignorara, y la propia víctima admite que nunca le expresó oposición en esos momentos.

Así pues, en estas condiciones, considera el TS que no está suficientemente acreditado que el acusado conociera que en esos actos faltaba un consentimiento libre y, al no poder basarse la condena sexual solo en una fórmula vaga, procede revocar la condena por abuso sexual y mantener únicamente la de maltrato habitual y un delito de amenazas continuadas.

3. ¿Hay consentimiento sexual válido si una mujer con discapacidad intelectual acepta el contacto sexual?

La STS n.º 315/2025, de 3 de abril, ECLI:ES:TS:2025:1547, resuelve un caso en el que una mujer con discapacidad intelectual severa (incapacitada judicialmente, tutelada, muy influenciable y guiada por pequeños beneficios inmediatos) reside en un centro en el que el acusado, sin deterioro cognitivo, en varias ocasiones en un lugar apartado realiza tocamientos sexuales e intenta penetrarla ofreciéndole cigarrillos y pequeñas cantidades de dinero para que acceda. La víctima no se resiste físicamente y dice que «no le importa», pero los profesionales sanitarios acreditan que no comprende bien la trascendencia de esos actos ni decide de forma verdaderamente libre.

El Tribunal Supremo sentencia los actos como un delito de agresión sexual, ya que **el consentimiento de la víctima es jurídicamente inhábil** (su discapacidad intelectual y su especial vulnerabilidad le impiden autodeterminarse libremente en el ámbito sexual frente a una persona con plena capacidad). Señala el tribunal, además, que la víctima sepa en abstracto qué es el sexo o que no se resista físicamente no basta para considerar válido el consentimiento. Su déficit cognitivo la hace muy influenciable y actúa solo por pequeños beneficios inmediatos, sin entender la trascendencia de las relaciones con una persona sin discapacidad.

JURISPRUDENCIA

Sentencia del Tribunal Supremo n.º 289/2024, de 21 de marzo, ECLI:ES:TS:2024:1698

*«En relación a la ausencia de consentimiento debe recordarse que **el no decir "no"** en situaciones como la descrita **no equivale, ni mucho menos, a consentimiento**. Lo que, por otro lado, responde al mandato del artículo 36.2 del Convenio del Consejo de Europa para la prevención y lucha contra la violencia contras las mujeres y la violencia doméstica, hecho en Estambul el 10 de mayo de 2011, por el que se exige que "el consentimiento (sexual) debe prestarse voluntariamente como manifestación del libre arbitrio de la persona considerado en el contexto de las condiciones circundantes". Ni hubo consentimiento ni el hoy recurrente, tal como se decanta de los hechos probados, contó con ninguna indicación mínimamente significativa que procedente de la Sra. Estrella le permitiera representarse su presencia. Con su comportamiento limitó de forma relevante la libertad de autodeterminación de la víctima. Que se proyecta con absoluta e innegociable claridad en el derecho a decidir cuándo, cómo, con quién y a quién manifestar su sexualidad o sus deseos sexuales».*

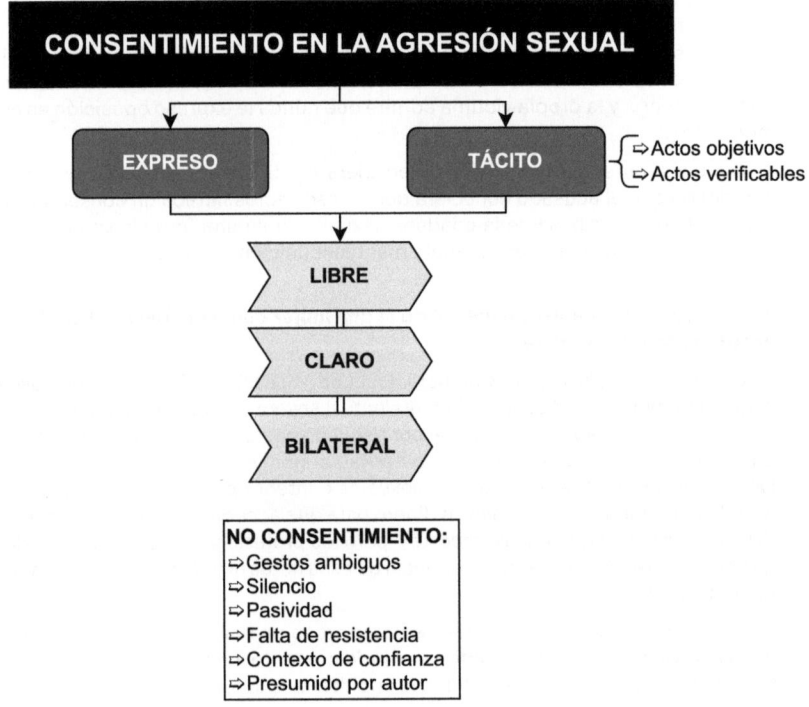

|| Modalidades típicas de la agresión sexual agravada

El apartado 2 del artículo 178 del Código Penal contempla diversas formas de comisión, que el legislador considera, en todo caso, agresión sexual. Estas son:

- Agresión mediante **violencia, intimidación o abuso de superioridad o vulnerabilidad de la víctima**.

JURISPRUDENCIA

Sentencia del Tribunal Supremo n.º 512/2024, de 31 de mayo, ECLI:ES:TS:2024:3121

*«La jurisprudencia de esta Sala de manera reiterada (nos hacíamos eco de ello en SSTS 511/2019, de 28 de octubre o 444/2020, de 14 de septiembre, con cita de otros precedentes), ha afirmado que **la violencia o intimidación** emplea-da en los delitos de agresión sexual **no han de ser de tal grado que presenten caracteres irresistibles, invencibles o de gravedad inusitada.** Basta que sean suficientes y eficaces en la ocasión concreta para alcanzar el fin propuesto, pa-ralizando o inhibiendo la voluntad de resistencia de la víctima y actuando en ade-cuada relación causal, tanto por vencimiento material como por convencimiento de la inutilidad de prolongar una oposición de la que, sobre no conducir a resul-tado positivo, podrían derivarse mayores males».*

CUESTIÓN

¿Se aprecia agravante de especial vulnerabilidad si la víctima es una menor de 15 años?

Una menor de 15 años denuncia que su tío, de 40 años, la agrede sexualmen-te durante unas vacaciones en su casa (entra en su habitación de madrugada y, pese a su oposición, la penetra vaginalmente). La menor no tiene enfermedad, ni discapacidad ni trastorno; tiene un desarrollo y madurez acordes a su edad; no está dormida profundamente, ni inconsciente ni bajo sustancias y no hay una situación de aislamiento distinta de la intimidad normal de un domicilio.

El tribunal de instancia condena por agresión sexual y añade el subtipo agra-vado entendiendo que la menor era especialmente vulnerable por tener 15 años. La defensa recurre en casación, alegando que la sola edad no basta para apreciar esa especial vulnerabilidad. Finalmente, el Tribunal Supremo (STS n.º 221/2021, de 11 de marzo, ECLI:ES:TS:2021:1034) **excluye la agravante debido a que la úni-ca circunstancia alegada es la edad, sin otros factores que incrementen de forma cualificada la desprotección de la víctima.** El tribunal se justifica en que el sentido de la agravante de especial vulnerabilidad no se basa en el consenti-miento, sino en la merma intensa de la capacidad de defensa de la víctima (edad, enfermedad, discapacidad o situación que la coloque en grave desventaja).

Cabe resaltar que la jurisprudencia del Tribunal Supremo afirma que la **ciberviolencia o ciberintimidación** no constituye una categoría autónoma de intimidación distinta de la tradicional a efectos de los delitos de agresión sexual. El entorno digital no altera los elementos esenciales del tipo penal, sino que, por el contrario, puede intensificar el carácter intimidatorio de la conducta, especialmente cuando las tecnologías de la información facilitan la difusión masiva de imáge-nes o vídeos de contenido sexual. Esta capacidad de amplificación convierte el medio digital en un instrumento particularmente eficaz y duradero de lesión de la libertad sexual, con especial incidencia en mujeres, niñas y personas especialmente vulnerables.

Desde una perspectiva internacional, la ciberviolencia se define como el uso de sistemas informáticos para causar, facilitar o amenazar con daños físicos, sexuales, psicológicos o económicos, integrándose plenamente en el concepto de violencia contra la mujer recogido por las Naciones Unidas. El TS subraya que estas formas de violencia en línea, incluida la amenaza de difusión de material íntimo, generan dinámicas de humillación, control y cosificación sexual que se ven agravadas por factores sociales y estructurales, dando lugar a fenómenos de polivictimización y pérdida casi irreversible del control sobre la intimidad.

CUESTIÓN

¿Es agresión sexual la *sextorsión*?

La sentencia del Tribunal Supremo n.º 377/2018, de 23 de julio, ECLI:ES:TS:2018:3040, introduce y explica el término *sextorsión* cuando analiza el delito de abuso sexual (previo a la reforma del 2022) por internet.

La *sextorsión* combina la palabra sexo y extorsión, siendo un chantaje sexual a través de internet o medios tecnológicos, que suele consistir en:

- El autor consigue (con o sin consentimiento inicial) imágenes o vídeos íntimos de la víctima (desnudos, actos sexuales...) normalmente mediante envío de un enlace malicioso o programa (malware) u otro método que le permita acceder al ordenador de la víctima.
- Una vez consta dicho material en su poder, amenaza con difundirlo en redes sociales, páginas de contenido sexual, a contactos, familiares, pareja...
- A cambio de no difundirlo, exige algo a la víctima, como más fotos o vídeos sexuales, la realización de actos sexuales en directo por webcam, encuentros sexuales físicos, relaciones con terceros...

Jurídicamente, la *sextorsión* no se califica como un delito autónomo, sino como delitos contra la intimidad, abuso sexual y amenazas entre otros.

El TS resalta que **no es necesario contacto físico para que haya abuso sexual**: cuando se fuerza a alguien, a través de la amenaza de difundir material íntimo robado, a realizar actos sexuales ante una cámara, se está atentado contra su libertad sexual, encajando en el tipo de abuso sexual (en la fecha de la sentencia).

- Agresión sobre personas con la **voluntad anulada**. Este supuesto abarca situaciones de intoxicación plena o semi-inconsciencia (por consumo de alcohol y/o estupefacientes), estado de pérdida de consciencia (sueño profundo, coma, efectos de anestesia o sedación...), cuadros de demencia o deterioro cognitivo avanzado, etc.

A TENER EN CUENTA. Los DFSA (del inglés, Drug Facilitated Sexual Assault) abarcan delitos contra la libertad sexual producidos cuando la víctima se encuentra bajo los efectos de sustancias que anulan o disminuyen gravemente su voluntad, entendimiento y capacidad de reacción, generando conductas dóciles, pasivas y lagunas amnésicas posteriores. Estas sustancias actúan sobre la corteza cerebral, afectando al comportamiento consciente, mientras que el instinto de supervivencia puede permanecer parcialmente activo. La jurisprudencia considera que la privación de sentido no exige una inconsciencia abso-

> luta y engloba aquellos supuestos en los que el autor se aprovecha del estado de vulnerabilidad de la víctima, incluso cuando no quede acreditado que él mismo administrara la sustancia (SSTS n.º 369/2020, de 3 de julio, ECLI:ES:TS:2020:2490, y n.º 820/2014, de 26 de noviembre, ECLI:ES:TS:2014:5767).

Estas circunstancias refuerzan el desvalor de la acción, justificando así un mayor reproche penal (**pena** de prisión de 1 a 5 años).

|| Cláusula de atenuación del delito de agresión sexual

Por último, el apartado 4 del artículo 173 del Código Penal introduce una cláusula de atenuación, la cual permite imponer la **pena** en su mitad inferior o multa de 18 a 24 meses cuando en los hechos no concurra violencia, intimidación ni agravantes del artículo 180 del CP y, **atendiendo a la menor entidad de los hechos y a las circunstancias del culpable**, así se motive expresamente en la sentencia.

CUESTIONES

1. Un tocamiento fugaz en las nalgas a una enfermera por un paciente, ¿es delito de agresión sexual?

Un paciente ingresado en un hospital, mientras está siendo atendido por una enfermera en su habitación, con ánimo de satisfacer sus deseos sexuales, le toca fugazmente las nalgas. No hay otros actos sexuales, ni violencia ni intimidación, ni lesiones. La sentencia del Tribunal Supremo n.º 84/2025, de 5 de febrero, ECLI:ES:TS:2025:492, sentencia que el tocamiento fugaz e inconsentido en las nalgas de la enfermera constituye un delito contra la libertad sexual (en el momento de los hechos, abuso sexual). Además, el contexto sanitario agrava la valoración del hecho.

Así pues, concluye el TS que **cualquier contacto corporal inconsentido con significación sexual es un ataque a la libertad sexual**. Las nalgas son una zona sexual y el tocamiento momentáneo de esa zona, sin consentimiento, integra el tipo penal. No puede afirmarse que es una mera grosería o vejación leve, sino que es un auténtico atentado a la autodeterminación sexual de la mujer. Por otro lado, el tribunal resalta que la víctima es una profesional sanitaria que se acerca al paciente para atenderle, y este último aprovecha dicha situación para el tocamiento sexual. Esto refuerza la gravedad del hecho, ya que la enfermera no tiene ninguna «servidumbre» de soportar excesos sexuales de los pacientes mientras trabaja.

2. ¿Cabe condenar por agresión sexual a un esposo por hechos cometidos dentro de la relación conyugal?

Un matrimonio está en crisis y la esposa comunica al marido que quiere divorciarse y dejan de compartir dormitorio. Días después, en dos noches distintas, el marido la aborda en el antiguo dormitorio conyugal, arrojándola sobre la cama y sujetándola pese a su resistencia, besándola y tocándola por todo el cuerpo, le introduce un dedo en la vagina y trata de penetrarla, sin conseguirlo por el forcejeo de ella. En otra ocasión, repitiendo el comportamiento, ella llora y le ruega que pare y él le da varias bofetadas, la insulta y la amenaza con matarla si se va con otro. La mujer sufre lesiones físicas y un trastorno de estrés postraumático acreditado por peritos. El marido alega que no puede hablarse de agresión sexual por tratarse de su esposa y que actuó alterado por la ruptura.

La STS n.º 355/2013, de 3 de mayo, ECLI:ES:TS:2013:2485, resuelve este supuesto condenando al autor por agresión sexual, ya que **el matrimonio no suprime la libertad sexual ni genera derecho del marido a imponer relaciones sexuales**; la negativa de la esposa debe respetarse y, si se vence mediante violencia o intimidación, existirá delito. Además, rechaza el atenuante de arrebato u obcecación, entendiendo que **la decisión de la esposa de separarse no es un estímulo poderoso** que justifique, ni siquiera parcialmente, la reacción violenta del acusado.

En cuanto a la prueba, recuerda el tribunal, que en los delitos sexuales cometidos en la intimidad la declaración de la víctima puede ser prueba de cargo suficiente para desvirtuar la presunción de inocencia, siempre que se motive su credibilidad atendiendo a: ausencia de móviles espurios, coherencia y persistencia del relato y corroboración periférica (lesiones físicas, informes médicos y psicológicos, lesiones del propio acusado por la defensa de ella...).

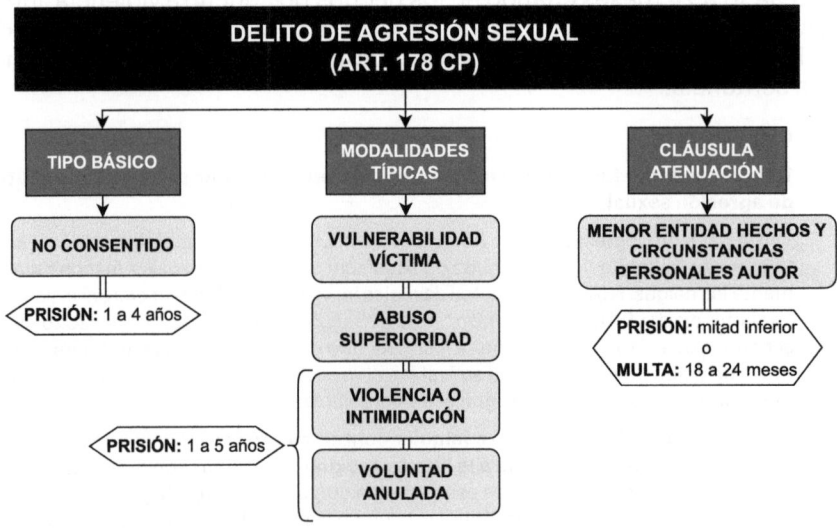

1.1. Delito continuado de agresión sexual

Delito continuado de agresión sexual: criterios de aplicación

Con carácter general, cabrá apreciar la existencia de un delito continuado cuando un conjunto de actos delictivos individualmente separables sea cometido por la misma persona en un marco semejante —mismo contexto básico, mismas víctimas o tipo de víctimas, misma ocasión o similar— obedeciendo a un único propósito o plan (dolo unitario). En estas circunstancias, los actos constituirán una sola infracción continuada, en lugar de una suma de delitos independientes.

El delito continuado, tal como indica el Alto Tribunal en **STS n.º 701/2024, de 3 de julio, ECLI:ES:TS:2024:3869**, es un constructo penológico de origen jurisprudencial que, bajo ciertas condiciones, permite sancionar varios delitos con una pena unitaria. Esta figura fue creada para atemperar las rígidas consecuencias del concurso real de delitos, y se recogió en la ley, «*(...) que dejó claro al intérprete que cuando los bienes jurídicos atacados fueran eminentemente personales, siempre será aplicable el art. 73 CP, y cuando se trate de infracciones contra el honor o la libertad e indemnidad sexuales, que afectan al mismo sujeto pasivo, se aplicará lo dispuesto en el apartado 3 del art. 74 del propio Código -naturaleza del hecho y del precepto infringido- para tomar en consideración, o no, la continuidad delictiva*».

Por tanto, el delito de agresión sexual tendrá carácter continuado cuando el mismo sujeto activo perpetre varias agresiones de esta índole, de forma próxima en el tiempo, contra la misma víctima y con una única finalidad sexual global.

Un ejemplo podría ser el de una mujer que, bajo la amenaza de ser denunciada por entrar ilegalmente en España, es forzada por el hombre que la acoge a mantener relaciones sexuales mientras permanezca en la vivienda. Así, a lo largo de tres días, es obligada a varios actos sexuales en diferentes momentos:

- Nada más llegar, el agresor la obliga a soportar tocamientos íntimos en contra de su voluntad.
- Al día siguiente, bajo las mismas amenazas, es forzada a una penetración vaginal por la mañana y a otra por la tarde.
- Dos días después, es sometida a distintas penetraciones de diversa índole a lo largo de la jornada.

Aunque haya varios actos sexuales diferenciados en el tiempo, todos se producen:

- Con la misma víctima.
- En el mismo lugar (el domicilio del agresor).
- Bajo la misma situación de violencia/intimidación y sometimiento (amenaza de denuncia).
- Con una única finalidad sexual global del agresor, que da refugio a la mujer con el solo objetivo de abusar de ella.

La jurisprudencia avala que un caso así pueda ser calificado como delito continuado de agresión sexual, pues no se habla de una sola eclosión sexual instantánea ni de agresiones totalmente separadas e independientes, sino de varios actos encuadrados en una misma situación continuada de dominio sobre la víctima.

Así lo razona el Alto Tribunal en la **STS n.º 680/2025, de 14 de julio, ECLI:ES:TS:2025:3750**, que aborda un supuesto en el que la víctima sufrió varias agresiones. Según los hechos probados, el acusado atacó a su amiga en dos momentos de la misma noche mientras dormía en la habitación de invitados: una hora después de fracasar en un primer intento de forzarla, el acusado volvió a la habitación, logrando esta vez inmovilizarla, someterla a tocamientos y consumar la penetración vaginal.

En el recurso de casación, las acusaciones sostuvieron la existencia de dos delitos de agresión sexual, uno en grado de tentativa y otro consumado, exigiendo ante el Tribunal Supremo el tratamiento de ambos como un concurso real de delitos (la sentencia recurrida sólo había juzgado el delito consumado). Por su parte, la defensa discutió esa calificación, alegando que los episodios no deben fraccionarse de forma que se agrave su condena y cuestionando que en casación se puedan reinterpretar los hechos probados en perjuicio del reo.

A diferencia de la Audiencia Provincial, el Supremo sí reconoce que existieron dos episodios diferenciados, pero no con la separación suficiente como para considerarlos agresiones independientes y apreciar un concurso real de dos delitos autónomos, como solicita la acusación. En su lugar, señala que lo que mejor encajaría jurídicamente en este caso es un delito continuado de agresión sexual, que no se puede aplicar por dos motivos procesales:

- Ninguna acusación pidió condenar por delito continuado en sus conclusiones definitivas, y en casación, no se puede introducir de oficio una calificación más gravosa que la que han pedido las partes (principio acusatorio).

- Si se calificase ahora como delito continuado, habría que aplicar la pena en su mitad superior, pudiendo resultar el mínimo de esa horquilla más alto que la suma derivada del concurso real (agresión consumada más tentativa). Ello supondría un empeoramiento para el acusado, y en casación no se puede agravar la pena sin nueva práctica de prueba y sin que haya habido una acusación expresa en ese sentido.

> **A TENER EN CUENTA**. De acuerdo con la doctrina del TEDH y del TC, en casación no se puede agravar la condena introduciendo matices fácticos nuevos o reinterpretando los hechos sin practicar de nuevo la prueba con inmediación.

Por tanto, aunque dogmáticamente los hechos se asemejan más a un delito continuado de agresión sexual que a un solo delito o a un concurso real de delitos, procesalmente, el tribunal no puede calificar ni penar un delito continuado en este caso, porque ello vulneraría el principio acusatorio y la prohibición de agravar la condena en casación. Así, el Alto Tribunal, aun reconociendo que teóricamente **procedería aplicar el delito continuado**, se abstiene de hacerlo por respeto a las garantías procesales del acusado.

¿A qué principios y objetivos sirve la posibilidad de apreciar un delito continuado de agresión sexual?

La **STS n.º 701/2024, de 3 de julio, ECLI:ES:TS:2024:3869**, señala que la doctrina del Supremo sobre la continuidad del delito de agresión sexual *«(...) garantiza el principio de seguridad jurídica, la proporcionalidad en el tratamiento punitivo de estas conductas y la punición del conjunto de la actividad delictiva realizada»* en un contexto en el que, normalmente, *«no es fácil individualizar suficientemente con sus datos concretos de lugar, fecha y características precisas cada una de las infracciones o ataques concretos sufridos por el sujeto pasivo, (STS núm. 1730/2001, de 2 de octubre)»*.

|| Principio de proporcionalidad de las penas y *ne bis in idem*

Aunque el texto de nuestra Constitución no proclama expresamente el principio de proporcionalidad, la **STS n.º 477/2020, de 28 de septiembre, ECLI:ES:TS:2020:2986**, recuerda que el TC lo ha considerado «*(...) una exigencia implícita del art. 25 de la CE*» desde sus más tempranas declaraciones, y que el art. 49.3 de la Carta de los Derechos Fundamentales de la Unión Europea —de aplicación directa en nuestro ordenamiento desde diciembre de 2009— lo consagra explícitamente al disponer que «*La intensidad de las penas no deberá ser desproporcionada en relación con la infracción*». La figura del delito continuado salvaguarda el principio de proporcionalidad en tanto que:

- Evita la acumulación excesiva de penas.
- Garantiza la adecuación de la sanción al conjunto de los hechos que conforman parte del mismo contexto delictivo, y no a cada acción individual.
- Protege el principio *ne bis in idem*, al impedir que los mismos hechos sean doblemente condenados.

En definitiva, el delito continuado permite una valoración unitaria de hechos que, aunque plurales, están conectados por un mismo propósito criminal, evitando una exacerbación punitiva y garantizando que la pena sea proporcional al conjunto de la actividad delictiva realizada.

|| Principio de seguridad jurídica

En relación con lo anterior, el Tribunal Constitucional ha señalado que el exceso punitivo hace quebrar la garantía del ciudadano de previsibilidad de las sanciones, «*creando una sanción ajena al juicio de proporcionalidad realizado por el legislador y materializando la imposición de una sanción no prevista legalmente*» (**SSTC n.º 180/2004, de 2 de noviembre, ECLI:ES:TC:2004:180, n.º 188/2005, de 7 de julio, ECLI:ES:TC:2005:188, n.º 334/2005, de 20 de diciembre, ECLI:ES:TC:2005:334; y n.º 48/2007, de 12 de marzo, ECLI:ES:TC:2007:48**).

|| Individualización eficaz de la condena en contextos complejos: relaciones de sumisión sostenidas en el tiempo

En ocasiones, el ilícito de agresión sexual se perpetra en el marco de una relación mantenida en el tiempo, donde no es fácil individualizar cada infracción concreta. En estos supuestos, la identificación precisa de cada acto delictivo es difícil, ya que a veces las víctimas no pueden concretar fechas, ocasiones o número de acciones debido a la reiteración y prolongación de los hechos en el tiempo. En estos casos, la aplicación del delito continuado permite abarcar la totalidad de la conducta delictiva sin necesidad de fragmentarla en múltiples delitos independientes, lo que asegura una respuesta penal proporcional y ajustada al conjunto de los hechos.

En palabras del Alto Tribunal en **STS n.º 337/2021, de 22 de abril, ECLI:ES:TS:2021:1736**, para apreciar delito continuado de agresión sexual, es necesario, entre otros requisitos, «*que las acciones incidan sobre un mis-*

*mo sujeto pasivo con el que el autor establece una **abusiva relación sexual, duradera en el tiempo, en la que no es fácil particularizar los diversos episodios** en que la misma se concreta'.*

Esta dificultad de individualización de cada hecho es mayor en aquellos casos en que los repetidos ataques a la libertad sexual se producen en el marco de una situación de sumisión de la víctima al autor de carácter permanente sobre la base de un prevalimiento de cualquier clase».

Las **SSTS n.º 355/2015 de 28 mayo, ECLI:ES:TS:2015:2599**, y **n.º 125/2017 de 27 febrero, ECLI:ES:TS:2017:739**, exponen que *«cuando se trata de abusos continuados sobre menores por parte de personas de su entorno familiar, resulta en muchas ocasiones imposible identificar las fechas, las ocasiones y el número de acciones abusivas cometidas, pues la actuación abusiva es reiterada y comienza a temprana edad, de modo que los menores no pueden ordinariamente precisar ni el número de veces que se ha repetido el abuso, ni la fecha exacta de cada uno de los actos».* La **aplicación del delito continuado** en estos casos permite abarcar la punición de la totalidad de la conducta.

|| Delito continuado *vs* delito y concurso real de delitos

Para distinguir cuándo cabe aplicar cada figura, las **SSTS n.º 463/2006, de 27 de abril, ECLI:ES:TS:2006:2389, n.º 964/2013, de 17 de diciembre, ECLI:ES:TS:2013:6348,** y **n.º 125/2017, de 27 de febrero, ECLI:ES:TS:2017:739**, distinguen tres situaciones —sin perjuicio de otras que la realidad sociológica pueda deparar—, en las que **se apreciará**:

- **Un solo delito**: cuando no existe interrupción entre uno y otro acceso, produciéndose de forma inmediata, aunque se produzcan varias penetraciones por la misma o diferente vía (vaginal, anal o bucal).

- **Concurso real de delitos**: cuando los actos sexuales son diferenciables en el tiempo y consecuencia de distintas agresiones o amenazas para doblegar en cada caso concreto la voluntad de la víctima.

- **Un delito continuado**: cuando los actos de agresión sexual se llevan a cabo entre idénticos sujetos y la repetición de actos individuales se prolonga durante tiempo bajo una misma situación violenta, intimidatoria o de prevalimiento. La sentencia hace referencia, además, a la necesidad de que las acciones sean *«expresión de un **dolo unitario no renovado** en cada acto»*, de forma que se den los elementos objetivos y subjetivos propios de la continuidad delictiva.

CUESTIÓN

Mientras trabajaba como actor en una serie de televisión cuyo rodaje duró nueve meses, David agredió sexualmente a dos personas dentro de su entorno laboral. ¿Cómo se debería enjuiciar cada uno de los sucesos?

1. En la fiesta de fin de rodaje, David abordó en un lugar aislado a Carmen, guionista de la serie. Mediante violencia física, la obligó a mantener relaciones sexuales. Durante el ataque, que duró unos cinco minutos, se produjeron varias penetraciones (vaginal y anal) sin interrupción.

Este hecho constituye un único delito de agresión sexual, ya que las acciones se desarrollaron de forma inmediata y sin interrupción.

2. Durante todo el rodaje, David se dedicó a intimidar a su asistente Alberto para obligarle a mantener relaciones sexuales. Por miedo a represalias, Alberto se sometió regularmente a las demandas de David.

Este hecho constituye un delito continuado de agresión sexual. Aunque los actos se produjeran en días diferentes, todos tuvieron lugar bajo la misma situación de intimidación y prevalimiento. David actuó con un dolo unitario: su intención de abusar de Alberto aprovechando que dependía laboralmente de él.

1.2. Autoría y participación

Pluralidad de intervinientes en los delitos de agresión sexual

La delimitación entre autoría y participación en los delitos de agresión sexual presenta una especial complejidad, derivada tanto de la estructura típica del delito (en particular cuando existe acceso carnal) como de la frecuente concurrencia de pluralidad de intervinientes y de fenómenos como la intimidación ambiental. La jurisprudencia del Tribunal Supremo ha ido perfilando progresivamente los criterios para diferenciar la coautoría, la cooperación necesaria y la complicidad, evitando interpretaciones expansivas incompatibles con el principio de legalidad y con el *non bis in idem*.

Coautoría en el delito de agresión sexual

La Sala Segunda del Tribunal Supremo ha atravesado **diversas fases interpretativas** en relación con los supuestos paradigmáticos de violaciones múltiples, especialmente aquellos en los que los intervinientes intercambian roles (uno penetra mientras otro intimida, y viceversa, por ejemplo).

- **Primera etapa.** Inicialmente, el TS consideró que nos encontrábamos ante dos delitos autónomos de agresión sexual (artículo 179 del CP), siendo autor quien realizaba materialmente el acceso carnal y partícipe quien aportaba la violencia o intimidación. En esta fase, no se aplicaba el subtipo agravado de actuación conjunta, al entender que ello supondría una doble valoración de la pluralidad subjetiva, vulnerando el principio de *non bis in idem* (STS n.º 486/2002, de 12 de marzo, ECLI:ES:TS:2002:1773).

- **Segunda etapa.** Esta fue la doctrina mayoritaria durante años, ya que se admitía la aplicación del subtipo agravado del artículo 180 del CP incluso en supuestos con un autor y un cooperador necesario, si bien la agravación solo alcanzaba al autor material, no al cooperador (SSTS n.º 217/2007, de 16 de marzo, ECLI:ES:TS:2007:2106, n.º 1142/2009, de 24 de noviembre, ECLI:ES:TS:2009:7194 y n.º 194/2012, de 20 de marzo, ECLI:ES:TS:2012:1787, entre otras).

- **Tercera etapa.** Esta ha sido una variante dentro de la etapa anterior, por la cual se entendía que cuando concurren un autor y varios partícipes, la jurisprudencia negó de forma constante la aplicación de la

29

agravación a estos últimos, al considerarlos cooperadores necesarios de la conducta nuclear del otro, pues en tales casos la pluralidad subjetiva ya se encuentra ínsita en la forma de participación.

- **Cuarta etapa: reconocimiento de coautoría en la violencia o intimidación.** Un punto de inflexión se produce con la STS n.º 849/2009, de 27 de julio, ECLI:ES:TS:2009:5096, en la que se reconoce la condición de coautor a quien ejecuta el elemento típico de la violencia o intimidación, alcanzándole el subtipo agravado. Además, cuando existen varios accesos carnales sucesivos realizados por distintos intervinientes, se admite su tratamiento como delito continuado de agresión sexual.

Esta evolución culmina en resoluciones como la STS n.º 493/2017, de 29 de junio, ECLI:ES:TS:2017:2585, que sintetiza la falta de uniformidad histórica y la necesidad de **atender a la contribución funcional al hecho delictivo**.

Así pues, la agravación del artículo 180 del CP **se fundamenta en razones objetivas y subjetivas**, entre las que la jurisprudencia destaca:

1. La acusada superioridad que proporcionada la intervención de varios sujetos.
2. EL mayor aseguramiento del designio criminal, al intensificarse la intimidación.
3. La disminución efectiva de la capacidad de resistencia de la víctima.
4. Las mayores dificultades de defensa o huida.

Como afirma el TS, esta ratio coincide sustancialmente con agravantes genéricas como el abuso de superioridad o el auxilio de otras personas, hoy absorbidas por la agravante del artículo 180 del Código Penal.

Por último, cabe resaltar que cuando existe coautoría, nada impide aplicar la agravación a todos los coautores, pues todos se benefician recíprocamente de las facilidades de la actuación conjunta. Así lo declara la sentencia del Tribunal Supremo n.º 757/2011, de 12 de julio, ECLI:ES:TS:2011:5357, al declarar que *«Cuando se trata de coautores nada impide la aplicación de la figura agravada a todos ellos por todos los hechos cometidos, pies en todos se aprovecharon recíprocamente de las facilidades que supone la actuación conjunta»*.

Al contrario, cuando intervienen solo dos personas y una es cooperador necesario, no puede aplicarse la agravación a este, ya que la cooperación necesaria presupone siempre la existencia de otro autor, de modo que sancionar ambas circunstancias supondría una redundancia punitiva contraria al *non bis in idem* (SSTS n.º 217/2007, de 16 de marzo, ECLI:ES:TS:2007:2106 y n. º439/2007, de 21 de mayo, ECLI:ES:TS:2007:3641).

Cooperador necesario en el delito de agresión sexual

La figura del cooperador necesario cobra especial relevancia en los delitos de agresión sexual cometidos en grupo, especialmente a través del fenómeno de la intimidación ambiental.

La STS n.º 108/2023, de 16 de febrero, ECLI:ES:TS:2023:534, destaca que la cooperación en estos delitos **admite grados**, con consecuencias directas en la determinación de la pena:

> «De esta manera, es perfectamente graduable el ámbito penológico en la cooperación en los delitos de agresión sexual a la hora de analizar el grado participativo de la intimidación ambiental en sus distintas formas de manifestarse, ya que no es lo mismo la presencia física inmediata en la ejecución de la violación, que una conducta separada, aunque intimidatoria (...)».

La **intimidación ambiental** ha sido definida por la jurisprudencia como aquella que deriva de la presencial coordinada y activa de otros sujetos que, sin ejecutar el acceso carnal, debilitan o anulan la capacidad de resistencia de la víctima. La STS n.º 1291/2005, de 8 de noviembre, ECLI:ES:TS:2005:6833, ya afirmaba que:

> «En efecto se entiende que debe haber condena de todos los que en el grupo participan en estos casos de agresiones sexuales múltiples y porque la presencia de otra u otras personas que actúan en connivencia con quien realiza el forzado acto sexual forma parte del cuadro intimidatorio que debilita o incluso anula la voluntad de la víctima para poder resistir, siendo tal presencia, coordinada en acción conjunta con el autor principal, integrante de la figura de cooperación necesaria del apartado b) art. 28 CP. En estos casos cada uno es autor del n° 1 del art. 28 por el acto carnal que el mismo ha realizado y cooperador necesario del apartado b) del mismo artículo, respecto de los demás que con su presencia ha favorecido (SSTS. 7.3.97 y 481/2004 de 7.4)»

En estos casos, cada interviniente es autor de su propio acto sexual y cooperador necesario respecto de los realizados por los demás (STS n.º 344/2019, de 4 de julio, ECLI:ES:TS:2019:2200, caso de *La Manada*).

CUESTIÓN

¿Puede responder por agresión sexual quien solo está presente, pero no realiza la penetración?

La sentencia del Tribunal Supremo n.º 908/2025, de 3 de noviembre, ECLI:ES:TS:2025:4883, resuelve un supuesto en el que, en una agresión sexual grupal, solo uno de los acusados realiza la penetración vaginal a una menor de 13 años. Otro acusado participa en la reunión (organización criminal) en la que, junto con el autor material y otro miembro, acuerdan imponer a la menor una «sanción»: o expulsión de la banda, o dejar al novio o «hacer el amor» con el líder de la organización. Además, está presente cuando se comunica esa sanción a la menor y cuando la menor acude a cumplir la sanción y comienza a desnudarse, saliendo solo cuando ella se lo pide. La menor declara que aceptó por miedo a represalias de la banda. El acusado afirma que no tuvo dominio del hecho y que su presencia fue pasiva.

El TS sostiene que, en un contexto de agresión grupal, quien participa en la decisión de imponer la relación sexual como sanción y **contribuye con su presencia al clima de intimidación, puede ser condenado como cooperador necesario** del delito de agresión sexual, aunque no realice la penetración.

Razona el tribunal que: la agresión se decide de forma colegiada por los tres acusados y se presenta a la menor como castigo dentro de una banda violenta, lo que genera un fuerte temor en la víctima; la menor acude a cumplir la sanción «ante el temor de las consecuencias de no aceptar el castigo», sabiendo que los tres acusados la esperan allí; el acusado está presente cuando se le comunica la sanción y cuando inicia su «cumplimiento», sin hacer nada para evitar la agresión.

La Sala aplica la **doctrina de la intimidación ambiental** en agresiones grupales: la presencia concertada de varios integrantes de un grupo violento refuerza la intimidación y anula o reduce la capacidad de resistencia de la víctima. En este caso, el autor material responde por la penetración y los demás, actuando conforme a un plan común y resultando esencial su presencia para generar o mantener el miedo de la víctima, responden como cooperadores necesarios.

Cómplice y comisión por omisión en el delito de agresión sexual

La complicidad (artículo 29 del Código Penal) puede concurrir en delitos de agresiones sexuales, incluso bajo la forma de **comisión por omisión**, siempre que se cumplan los **requisitos** del artículo 11 del Código Penal y las exigencias de la jurisprudencia, a saber:

1. Un delito de resultado.
2. Que la acción omitida hubiera evitado el resultado.
3. La existencia de una posición de garante (obligación legal, contractual o creación previa de un riesgo).
4. Un juicio de equivalencia normativa entre la omisión y la acción.
5. Dolo o imprudencia y capacidad de culpabilidad.

CUESTIÓN

¿Presenciar una agresión sexual y no intervenir se encuadra en la comisión por omisión?

Durante una fiesta, una menor de 17 años mantiene relaciones sexuales consentidas con A en el portal. Al terminar, llega B, que mantiene una relación sexual sin consentimiento con la menor, pese a su negativa. A presencia los actos de B y, sabiendo que la menor se niega, no hace nada para impedirlo. A es condenado por la audiencia provincial como autor de agresión sexual por comisión por omisión (artículo 12 del CP), al entender que se generó una situación de riesgo y tenía el deber jurídico de evitar el resultado.

La STS n.º 88/2024, de 29 de enero, ECLI:ES:TS:2024:637 considera que **A no puede ser condenado como autor del abuso sexual por comisión por omisión, ya que no ostentaba posición de garante sobre la libertad sexual de la víctima**. El desarrollo es el siguiente: para condenar como autor por omisión impropia se exige, entre otros requisitos, que exista un deber jurídico específico de actuar (posición de garante), derivada de la ley, un contrato o de haber creado una situación de riesgo jurídicamente relevante. El Supremo niega la posición de garante de A ya que mantuvo relaciones consentidas con la menor, no se acreditó que previera o aceptara que B fuera a agredirla sexualmente y, además, considera que llevar a la menor al portal y mantener relaciones consentidas no crea un riesgo típico que genere el deber jurídico de impedir la posterior agresión de un tercero. Así pues, su pasividad, aunque moralmente reprochable, no puede equipararse a la acción del autor material mediante el artículo 11 del Código Penal.

El Tribunal Supremo indica que **la conducta de A se ajusta mejor al apartado 1 del artículo 450 del Código Penal** (delito de omisión impropia, por no impedir un delito contra la libertad sexual pudiendo hacerlo sin riesgo propio). No obstante, como no se acusó por este delito, no puede condenarse por él en casación sin vulnerar el principio acusatorio, por lo que procede la absolución del abuso sexual.

1.3. Grados de ejecución del delito de agresión sexual

Consumación y tentativa en los delitos de agresión sexual

Los delitos de agresión sexual, regulados en el artículo 178 del Código Penal y siguientes, se caracterizan por ser **delitos de mera actividad**, en los que no es necesario que se produzca un resultado material concreto. La doctrina y la jurisprudencia han desarrollado con claridad los grados de ejecución de este tipo penal, distinguiendo fundamentalmente entre consumación y tentativa, así como sus distintas modulaciones punitivas.

|| Consumación del delito de agresión sexual

La consumación del delito de agresión sexual se produce con la **mera realización de actos de carácter sexual sobre la víctima**, independientemente de que se llegue a la plena satisfacción del deseo sexual del agresor. La jurisprudencia es reiterada al respecto: «*Hemos dicho en la sentencia 754/2012 de 11 de octubre, que **este tipo de delito es una infracción de mera tendencia y actividad, que no requiere resultado material alguno**, y que se manifiesta ordinariamente en grado de consumación, sin fases imperfectas, por la propia realización del acto del que se desprenda el móvil libidinoso a través de los tocamientos o contactos corporales ejecutados, aunque no se logre la plena satisfacción de los lúbricos deseos mediante la realización de todos los actos imaginados o queridos*» (STS n.º 82/2023, de 9 de febrero, ECLI:ES:TS:2023:404).

En este sentido, la consumación se identifica con la ejecución del acto que refleja la intención sexual del agresor, aunque no se hayan llevado a cabo todos los actos planificados. Solo en casos excepcionales se admite la tentativa, cuando no se ha producido contacto obsceno alguno y se evidencia únicamente un principio de ejecución del ánimo libidinoso del autor, tal y como expresa la sentencia anteriormente mencionada: «*Excepcionalmente se admiten supuestos de tentativa, apreciando un principio de ejecución, siempre que no se haya llegado a un contacto obsceno de clase alguna, pues en otro caso se habría producido la consumación (sentencias 1459/2003 de 31.10,*

1397/2009 de 29.12). Esto es, se admite la hipótesis de la tentativa cuando inequívocamente exteriorice el ánimo lujurioso, excluido el de yacer, del agente, lo que implica un principio de ejecución, pero exige inexcusablemente que cuando se produzca la actividad violenta o intimidatoria del sujeto activo, no se haya producto contacto obsceno en clase alguna».

En consecuencia, **la regla general es que el delito de agresión sexual se consuma** con el primer acto de contacto sexual no consentido, por lo que la tentativa constituye un supuesto extraordinario y estrictamente delimitado.

|| Tentativa del delito de agresión sexual

La tentativa se regula en el artículo 62 del Código Penal, el cual fija dos criterios para modular la penalidad: el peligro inherente al intento y el grado de ejecución alcanzado.

Tal y como expresa el Tribunal Supremo en su ATS n.º 1286/2025, de 6 de febrero, ECLI:ES:TS:2025:1286A: «*(...) la doctrina y la jurisprudencia han destacado que en realidad el fundamento esencial de la determinación de la pena radica en el peligro generado por la conducta, pues ordinariamente cuantos más actos ejecutivos se haya realizado, más cerca se ha estado de la consumación del delito y, en consecuencia, el peligro de lesión es mayor y la lesividad de la conducta también*».

Así pues, se distingue entre:

- **Tentativa acabada**: cuando el autor ha realizado todos los actos proyectados según su plan, aunque no haya llegado a consumar el delito. En estos casos, la pena suele reducirse en un grado, salvo que el peligro inherente para el bien jurídico sea bajo (tentativa inidónea), pudiéndose reducir incluso en dos grados.

- **Tentativa inacabada**: cuando solo se han ejecutado algunos actos preparatorios o iniciales. La reducción de la pena dependerá del grado de peligro generado: si el riesgo de lesión es alto, puede aplicarse solo una reducción de un grado; si es bajo, hasta dos grados.

La jurisprudencia aclara que el parámetro determinante es siempre el peligro para el bien jurídico: «*(...) lo relevante es el grado de adecuación para producir el resultado, lo que nos llevaría a excluir solamente la tentativa absolutamente inidónea y el delito imposible, se debe atender a criterios de imputación objetiva para fijar la aplicación de los parámetros punitivos señalados por el legislador y desde luego desde una perspectiva 'ex ante' porque 'ex post' la no consumación del delito significaría que la tentativa siempre será inacabada o inidónea (SSTS 191/2016, de 8-3; 985/2016, de 11-1-2017; 597/2017, de 24-6)*» (STS n.º 916/2021, de 24 de noviembre, ECLI:ES:TS:2021:4403).

De esta forma, la tentativa acabada puede comportar una reducción mínima de pena si el riesgo generado es alto, mientras que la tentativa inacabada puede implicar una reducción mayor si el peligro para el bien jurídico es bajo. La jurisprudencia enfatiza que la flexibilidad punitiva responde a la necesidad de valorar la ofensividad real de la conducta y no solo la proximidad material a la consumación.

JURISPRUDENCIA

Sentencia del Tribunal Supremo n.º 22/2025, de 18 de febrero, ECLI:ES:TS:2025:1632

*«En este sentido, leemos en la STS 23/01/2025: "Es pacífica en la actualidad, a la vez que reiterada la jurisprudencia de esta Sala que **el fundamento esencial de la determinación de la pena radica en el peligro generado por la conducta**, pues ordinariamente cuantos más actos ejecutivos se hayan realizado, más cerca se ha estado de la consumación del delito y, en consecuencia, el peligro de lesión es mayor y la lesividad de la conducta también. Por tanto, debe quedar claro que en el nuevo sistema de punición de la tentativa lo determinante no es responder a través de los nuevos conceptos de la tentativa acabada o inacabada los viejos parámetros de la frustración y la tentativa, sino atender al criterio relevante y determinante del peligro para el bien jurídico que conlleva el intento. Por ello no siempre que la tentativa sea inacabada debe imponerse la pena inferior en dos grados, pues puede perfectamente suceder que la tentativa sea inacabada pero el grado de ejecución sea avanzado y el peligro ocasionado sea especialmente relevante, en cuyo casi lo razonable es reducir la pena en un solo grado (STS 38/2023, de 26 de enero, STS 948/2021, de 1 de diciembre; STS 469/2020, de 24 de septiembre; STS 423/2020, de 23 de julio; STS 255/2020, de 28 de mayo; STS 480/2018, de 18 de octubre). Por el contrario, el artículo 62 del CP obliga a tener en cuenta el peligro inherente al intento y el grado de ejecución alcanzado, de forma que, en los casos en los que se aprecie en ambos aspectos un nivel bajo, lo procedente podría ser la reducción de la pena en dos grados. Advertíamos en la STS n.º 829/2021, de 29 de octubre que "Aunque la jurisprudencia, quizá con un excesivo arrastre del concepto de tentativa y frustración del Código penal anterior, sigue manejando los conceptos de tentativa acabada e inacabada, este punto de vista debe ser modificado a la vista de la nueva redacción del art. 62 del Código penal. En efecto, en este precepto, no solamente se tiene en cuenta "el grado de ejecución alcanzado", que es una traslación de los antiguos conceptos de la imperfecta ejecución, sino atender al "peligro inherente al intento", que es tanto como poner el acento en la conculcación del bien jurídico protegido, momento a partir del cual los hechos entran en el estadio de la tentativa, y el peligro, que supone la valoración de un nuevo elemento que configura la cuantía del merecimiento de pena, y cuyo peligro no requiere de módulos objetivos de progresión de la acción, sino de intensidad de ésta, de modo que el peligro actúa corrigiendo lo más o menos avanzado del intento (STS 942/2022, de 12 de diciembre)". En análoga dirección cabe la consulta de la STS 29/01/2025».*

1.4. Concurso de delitos con el de agresión sexual

Agresión sexual: concurso de delitos con otros tipos penales

El ilícito de agresión sexual es frecuentemente enjuiciado junto con otros delitos, ya que, con su conducta o conductas, el autor a menudo vulnera varios bienes jurídicos —indemnidad sexual, integridad física, inviolabilidad del domicilio, intimidad, etc.— protegidos por diferentes tipos penales. Esta regla especial de aplicación de las penas se conoce como **concurso de delitos** y viene regulada en el art. 73 del CP con el siguiente tenor:

> «Al responsable de dos o más delitos o faltas se le impondrán todas las penas correspondientes a las diversas infracciones para su cumplimiento simultáneo, si fuera posible, por la naturaleza y efectos de las mismas».

Su aplicación por el tribunal deberá atender a la conexión entre los distintos delitos y a las circunstancias específicas del caso.

|| Tipos de concurso de delito con agresión sexual

El concurso de delitos puede ser de tres tipos: real, ideal y medial.

- Se produce **concurso real** cuando el agresor sexual comete varias acciones independientes, constitutivas de distintos delitos, pero con relación entre sí. En tal caso, se imponen las penas correspondientes a cada delito, y se ejecutan sucesivamente.

  Podrá apreciarse, por ejemplo, si una persona asalta el domicilio de otra para robarle y, antes de huir con sus bienes, la agrede sexualmente. En este supuesto, se impondría la pena del delito de robo con fuerza en casa habitada más la del delito de de agresión sexual.

- Se da **concurso ideal** cuando una sola acción infringe varios preceptos penales, vulnerando distintos bienes jurídicos. En tal caso, se aplica la pena del delito más grave en su mitad superior, con el límite de la suma de ambas.

  Por ejemplo, cuando la violencia empleada durante una agresión sexual es tal que la víctima muere, y se produce también un homicidio imprudente.

- El **concurso medial o instrumental** tiene lugar cuando, para perpetrar la agresión sexual, se comete otro delito como medio necesario. En estos casos, se impone la pena correspondiente al delito más grave en su mitad superior.

  Un ejemplo sería el de detener ilegalmente a una persona para conseguir someterla una agresión sexual.

Agresión sexual y lesiones

Uno de los concursos de delitos más frecuentes es el que involucra agresión sexual y delito de lesiones. No obstante, no todo tipo de lesiones es constitutivo de un delito independiente de la agresión sexual.

|| Lesiones psíquicas: elemento inherente a la agresión sexual

Nuestro Alto Tribunal considera que las **lesiones psíquicas** —como el síndrome de estrés postraumático— son inherentes al delito del art. 178 del CP, tal como se advierte el acuerdo del pleno no jurisdiccional de la Sala segunda del TS, de 10 de octubre de 2003:

> «Las alteraciones síquicas ocasionadas a la víctima de una agresión sexual **ya han sido tenidas en cuenta por el legislador al tipificar la conducta** y asignarle una pena, por lo que ordinariamente quedan consumidas por el tipo delictivo correspondiente por aplicación del principio de consunción del art.8.3 del código penal, sin perjuicio de su valoración a efectos de la responsabilidad civil».

Por tanto, las lesiones psíquicas derivadas de la agresión sexual no van a dar lugar a un concurso de delitos de agresión sexual y lesiones, ya que se entienden contenidas en el tipo del art. 178 del CP.

|| Lesiones físicas innecesarias: constitutivas de delito autónomo

Distinto tratamiento se otorga las **lesiones físicas**, que no siempre quedan absorbidas por el delito de agresión sexual. Así se desprende de sentencias como la **STS 62/2018, de 5 de febrero, ECLI:ES:TS:2018:217**, en la que el Supremo corrige el criterio adoptado por la audiencia provincial de integrar todas las lesiones infligidas a la víctima bajo el tipo de agresión sexual, al no apreciar en el acusado un ánimo autónomo de lesionar.

En su resolución, el Alto Tribunal declara que no procede exigir un dolo específico de lesionar para que exista delito de lesiones (basta dolo genérico o eventual), y que el tipo del art. 178 del CP no consume toda clase de lesiones. Antes al contrario, **sólo quedan absorbidas por la agresión sexual las lesiones físicas mínimas e inevitables provocadas a consecuencia del acceso carnal violento** —es decir, «(...) *leves hematomas en los muslos o lesiones en la zona genital que no hayan sido no ocasionados de modo deliberado».—* La razón de ello es que «(...) *el delito de agresión sexual con empleo de violencia requiere el empleo de ésta, pero no exige la causación de lesiones corporales»*, de modo que el ataque a la salud y a la integridad corporal protegidos por el delito de lesiones no es indispensable en el delito contra la libertad sexual.

En conclusión, para ser constitutivas de delito autónomo, las lesiones deben revestir una gravedad innecesaria para la perpetración de la agresión sexual, resultando desproporcionadas a tales efectos.

También cabe citar la **STS n.º 14/2024, de 11 de enero, ECLI:ES:TS:2024:26**, que confirmó la pena impuesta a un hombre por un delito intentado de violación de los arts. 178,179 y 16 del CP en concurso real con otro de lesiones graves del art. 150 del CP, denegándole la revisión de la pena al amparo de la reforma operada por la LO 10/2022, de 6 de septiembre.

El acusado, que entendió que en virtud de la reforma sólo sería condenado por el nuevo tipo del art. 180.1.2.ª del CP —agresión sexual agravada por violencia extrema—, vio denegada su petición ante la Audiencia Provincial. Según el auto, la aplicación correcta de la LO 10/2022, de 6 de septiembre, redundaría en una condena más severa, pues no le eximiría del delito de lesiones graves del art. 150 del CP, que es punible en concurso real con el art. 180.1.2.ª del CP.

No conforme con el auto, el recurrente lo impugnó ante el Supremo por vulneración del principio de *ne bis in idem*, al incurrir en un concurso de normas que castigaría dos veces los mismos actos de violencia. Sin embargo, la respuesta del Alto Tribunal es que el art. 150 del CP y el nuevo art. 180.1.2.ª del CP sí pueden concurrir, al proteger bienes jurídicos distintos. Así, mientras el art. 150 del CP sanciona el ataque a la integridad física, el art. 180.1.2.ª CP castiga la especial brutalidad o degradación en la vulneración de la indemnidad sexual de la víctima. Precisamente, tras la reforma operada por la LO

10/2022, de 6 de septiembre, el art. 194 bis del CP respalda la aplicación conjunta de ambos tipos penales, al disponer que «*Las penas previstas en los delitos de este título se impondrán sin perjuicio de la que pudiera corresponder por los actos de violencia física o psíquica que se realizasen*».

A TENER EN CUENTA. En un contexto de relaciones sexuales consentidas, la STS n.º 528/2011, de 6 de junio, ECLI:ES:TS:2011:3527, declaró a un hombre responsable de dos delitos imprudentes de lesiones, al haber transmitido el VIH a su pareja (y consecuentemente a la hija que nació de ambos), a consecuencia de un uso negligente del preservativo. Por tanto, la transmisión de la ITS en un supuesto de stealthing, podría dar lugar a un concurso ideal de delitos, en este caso de lesiones dolosas y agresión sexual.

‖ Agresión sexual y detención ilegal

La doctrina del Tribunal Supremo reconoce que, por su naturaleza, las agresiones sexuales suelen conllevar de forma inherente cierta privación de libertad deambulatoria. Para distinguir cuándo esta queda absorbida en el tipo del art. 178 del CP de cuándo constituye un delito autónomo, la **STS n.º 28/2016, de 28 de enero, ECLI:ES:TS:2016:219**, establece las siguientes normas generales:

- Cabrá concurso **real** de delitos, cuando la detención no constituya el medio necesario para ejecutar la agresión sexual. En este caso, cada delito mantiene su propia autonomía y sustantividad, sancionándose separadamente. Son casos en los que la privación de libertad puede coincidir temporalmente con la agresión sexual sin estar relacionada con ella, no siendo medio instrumental para la ejecución del delito del art. 178 del CP. Es estos casos, la detención incluso se puede prolongar después de la agresión sexual para facilitar su impunidad, excediendo su duración del tiempo necesario para el acto de agresión sexual.

- Existirá concurso **medial** de delitos —«*también llamado por la doctrina concurso ideal impropio (art 77 3° CP)*»— cuando la detención ilegal haya sido arbitrada e instrumentalizada como medio para perpetrar la agresión sexual, y su duración exceda del tiempo estrictamente necesario para ejecutar el acto. Este supuesto debe dar lugar a una condena conjunta de ambos delitos que, en cualquier caso, debe ser superior a la que correspondería al delito principal o más grave, dado que la sanción por el delito principal no cubre toda la culpabilidad ni la antijuridicidad del hecho.

- Se producirá un **concurso de normas** cuando la privación de libertad coincida exactamente con el tiempo imprescindible para cometer la agresión sexual. En este caso, el desvalor de la acción de detener queda absorbido e integrado en el desvalor de la agresión sexual, por lo que solo se sancionaría esta, al ser el delito principal.

En el caso tratado en la **STS n.º 28/2016, de 28 de enero, ECLI:ES:TS:2016:219** —donde el condenado obligó a su exnovia a subir al coche para llevarla a un garaje y penetrarla por la fuerza— el Supremo estima el recurso del acusado, que impugna su condena por delito autónomo de detención ilegal en concurso real con el delito de agresión sexual.

Si bien la sentencia recurrida había apreciado concurso real de delitos al no considerar demostrada la intención del acusado —ya que, en un principio, se dirigió a la casa de la víctima—, el Alto Tribunal razonó que, con independencia de cuál pudiese ser su intención inicial, la única función que cumplió la detención fue la de permitirle llevar a cabo la agresión sexual. La Sala considera, por tanto, que la detención ilegal fue el medio empleado para cometer la agresión, máxime cuando acabada esta, se acabó también la detención.

> **A TENER EN CUENTA**. Cuando la privación de libertad coincida temporalmente con la agresión sexual, sólo se podrá apreciar concurso real de delitos si se demuestra que la detención no estuvo relacionada con la agresión ni fue el medio instrumental para su ejecución.

Agresión sexual y allanamiento de morada

Otro posible concurso de delitos es el que se produce cuando la agresión sexual se perpetra en el contexto de un allanamiento de morada. En estos casos, el autor lleva a cabo la agresión sexual con ocasión de la entrada o permanencia no autorizada en la vivienda de la víctima.

> **A TENER EN CUENTA**. Según el apartado primero del art. 200 del CP, cometerá allanamiento el particular que, sin habitar en ella, entre en una morada ajena o se mantenga en la misma contra la voluntad del morador. El apartado segundo del citado precepto prevé una agravación de la pena para quien ejecute el allanamiento con violencia o intimidación.

‖ Concurso de normas vs concurso de delitos

La **STS n.º 1231/2009, de 25 de noviembre, ECLI:ES:TS:2009:7287**, desestima el motivo esgrimido por el recurrente, según el cual, el delito de allanamiento debió quedar absorbido por el de violación, al formar parte de la dinámica comisiva de este delito. Según la parte acusada, la sentencia impugnada habría aplicado un concurso de normas y no un concurso de delitos.

El Alto Tribunal incide en que se trata de dos tipos penales sustancialmente distintos que protegen diferentes bienes jurídicos —libertad sexual e inviolabilidad del domicilio—. Como señala la sentencia: «*(...) en el supuesto de que se penara sólo el delito de violación quedaría sin tutelar en el caso concreto el bien jurídico de la intimidad personal y familiar de la víctima, al no abarcar la condena penal los dos ilícitos punibles que protegen dos normas penales distintas que cumplimentan funciones y fines diferentes y compatibles, al afectar las conductas a bienes jurídicos que el legislador ampara de forma autónoma*».

El Alto Tribunal recuerda que su jurisprudencia *«(...) ha apreciado el concurso de delitos y no el de normas a la agresión sexual y allanamiento de morada en las sentencias 1424/2005, de 5 de diciembre, 2/2008, de 16 de enero, y 667/2008, de 5 de noviembre. Y en todas ellas lo ha catalogado de concurso ideal en la modalidad de medial, teleológico o instrumental. En el supuesto que ahora se enjuicia la Sala de instancia lo ha calificado como concurso real de delitos, lo cual carece de relevancia a efectos punitivos, toda vez que se trata de un supuesto en que la punición separada beneficia al reo».*

|| Concurso real *vs* concurso medial

A pesar de lo expresado por el Alto Tribunal en la precitada sentencia —según la cual lo habitual que estos dos delitos se aprecien el concurso medial—, algunas resoluciones de instancia han seguido fallando a favor del concurso real en estos casos.

Sin embargo, en la **STS n.º 34/2016, de 2 de febrero, ECLI:ES:TS:2016:316**, el Tribunal Supremo insiste en la apreciación de concurso medial, al resolver el recurso de casación interpuesto por un hombre condenado por la Audiencia Provincial como responsable de un delito agresión sexual en concurso real con otro de allanamiento de morada.

En su escrito de impugnación, el recurrente esgrimió:

- La inexistencia de concurso real. El allanamiento fue el instrumento que le permitió lograr su verdadero objetivo: ejecutar el delito sexual.
- La indebida aplicación del subtipo agravado del apartado 2 del art. 202 del CP. El acusado no hizo uso de la violencia para acceder a la vivienda, sino solo para cometer la agresión sexual.

La Sala estima el recurso en tanto no cabe apreciar dos delitos totalmente independientes en concurso real, sino dos delitos en concurso medial —allanamiento como medio para cometer la agresión sexual—. Declara, sin embargo, que sí hubo allanamiento agravado *ex* art. 202.2 del CP, porque la violencia acabó afectando a la permanencia en la morada.

Al existir concurso medial, la pena total no puede ser el simple resultado de sumar las de cada delito, como estimó la audiencia. En consecuencia, el Supremo casa y anula la sentencia en lo relativo a la pena, y se reserva la concreción de la nueva pena para la sentencia de reemplazo.

|| Agresión sexual a menores de 16 años y exhibicionismo

En la práctica, numerosos supuestos de agresión sexual a menores de 16 años, o a personas con discapacidad necesitadas de especial protección, involucran también actos de exhibicionismo.

> **A TENER EN CUENTA**. El art. 185 del CP tipifica como delito la ejecución directa o indirecta de actos de exhibición obscena ante menores o a personas con discapacidad necesitadas de especial protección.

La valoración judicial de este conjunto de acciones variará dependiendo de las circunstancias del caso:

1. Si el exhibicionismo es parte de la agresión sexual: concurso de normas

En estos casos, los actos de exhibición —como desnudarse, mostrar pornografía, etc.— son pasos del proceso de agresión sexual, y se entiende que:

- El bien jurídico es el mismo: la indemnidad/libertad sexual de la menor.
- La exhibición es solo una fase de una progresión delictiva que culmina en la agresión.

En consecuencia —tal como ocurre en sentencias como la **STS n.º 35/2012, de 1 de febrero, ECLI:ES:TS:2012:1008**— se apreciará un concurso de normas, de forma que el delito de exhibicionismo del art. 185 del CP —*lex consumpta*— queda absorbido por la agresión sexual —*lex consumens*—. Como resultado, solo se castigará la agresión sexual, sin que quepa añadir una condena separada por exhibicionismo (lo que supondría castigar dos veces los mismos hechos).

2. Si la agresión sexual es, a su vez, un delito de exhibicionismo contra terceros: posible concurso de delitos

Cuando la víctima principal sea agredida sexualmente delante de otros menores o personas con discapacidad necesitadas de especial protección, los hechos constituirán:

- Delito de agresión sexual contra la víctima principal, que ve menoscabado su derecho a la libertad sexual.
- Delito de exhibicionismo contra los menores o personas con discapacidad que miran el acto y ven vulnerado su derecho a la indemnidad sexual.

En este supuesto, el exhibicionismo no está completamente incluido en la agresión sexual a la víctima principal, por lo que podrían castigarse ambos delitos en concurso real. La doctrina discute si, en estos casos, tiene sentido seguir hablando de consunción o si ya estamos ante un plus de desvalor (más víctimas, más daño).

Como ejemplo, cabe citar la **STS n.º 846/2017, de 21 de diciembre, ECLI:ES:TS:2017:4665**, que rechaza el concurso de normas absorbente, al entender que no hay solapamiento típico total entre la agresión sexual a la menor y el exhibicionismo ante los otros menores (mientras el primero protege la indemnidad sexual de la víctima directa de los actos sexuales, el segundo protege, además, la indemnidad de los menores espectadores). Al estimar que el exhibicionismo no está absorbido, la Sala estima el motivo de la acusación particular, y descarta el mero concurso de normas (en el que solo se penaba el delito de agresión sexual) para reconocer un concurso de delitos:

- El delito continuado de agresión sexual ya condenado por la Audiencia, y
- un delito separado de exhibicionismo por la presencia de los otros menores.

Dado que son acciones que, en parte, coinciden en el tiempo, pero lesionan bienes y sujetos pasivos distintos (víctima directa vs. menores espectadores), se traduce también en un concurso real de delitos con penas diferenciadas que se suman.

3. Diferenciación de las conductas en el tiempo: concurso real de delitos

Otra forma de relación se da cuando existen episodios distintos, de forma que en unos momentos el acusado solo se exhibe ante el menor sin contacto físico, y en otros, se producen agresiones sexuales contra el mismo menor. Si los actos están claramente separados en el tiempo y en la dinámica de los hechos, los tribunales pueden entender que se trata de delitos diferentes, cada uno con su propia consumación, y que hay un concurso real de delitos (se suman las penas de exhibicionismo y de agresión sexual, dentro de los límites legales).

> **A TENER EN CUENTA**. La reforma de la LO 10/2022, de 6 de septiembre, de garantía integral de la libertad sexual, suprimió la figura del abuso sexual para integrarla en el delito de agresión sexual, por lo que las referencias a abuso sexual que se encuentran en las sentencias que aplican la versión del CP anterior a la reforma, deben entenderse hechas al actual delito de agresión sexual.

1.5. Circunstancias modificativas de la responsabilidad penal en el delito de agresión sexual

Circunstancias que agravan la responsabilidad penal en el delito de agresión sexual

El delito de agresión sexual, regulado en los artículos 178 y 179 del Código Penal, se configura actualmente sobre la base de la ausencia de consentimiento, según la LO 10/2022, de 6 de septiembre, de garantía integral de la libertad sexual. Dentro de este marco, el legislador prevé circunstancias que agravan la responsabilidad penal, incrementando las penas cuando concurren determinadas situaciones que evidencian mayor reproche social o vulnerabilidad de la víctima. Estas se encuentran reguladas en el artículo 180 del Código Penal, cuya finalidad es modular la gravedad de la conducta conforme a criterios objetivos y protectores del bien jurídico tutelado: la libertad sexual.

Las circunstancias modificativas de la responsabilidad penal no crean un nuevo tipo delictivo, sino que incrementan la pena aplicable al delito base cuando se presentan factores que lo hacen más grave. Así pues, su función es reforzar la protección de la víctima y adecuar la respuesta punitiva a la mayor peligrosidad o intencionalidad del autor.

El artículo 180 del CP distingue las siguientes **circunstancias agravantes** aplicables a los delitos de agresión sexual:

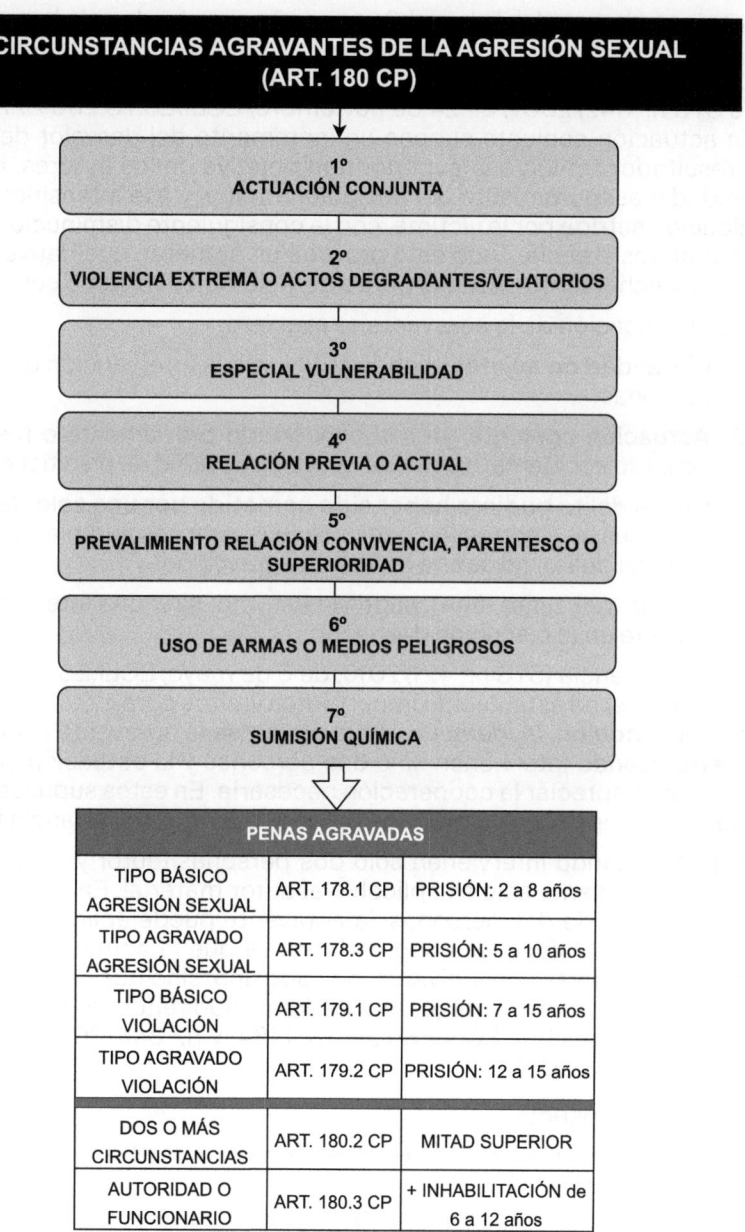

CIRCUNSTANCIAS AGRAVANTES DE LA AGRESIÓN SEXUAL (ART. 180 CP)

1º ACTUACIÓN CONJUNTA

2º VIOLENCIA EXTREMA O ACTOS DEGRADANTES/VEJATORIOS

3º ESPECIAL VULNERABILIDAD

4º RELACIÓN PREVIA O ACTUAL

5º PREVALIMIENTO RELACIÓN CONVIVENCIA, PARENTESCO O SUPERIORIDAD

6º USO DE ARMAS O MEDIOS PELIGROSOS

7º SUMISIÓN QUÍMICA

PENAS AGRAVADAS		
TIPO BÁSICO AGRESIÓN SEXUAL	ART. 178.1 CP	PRISIÓN: 2 a 8 años
TIPO AGRAVADO AGRESIÓN SEXUAL	ART. 178.3 CP	PRISIÓN: 5 a 10 años
TIPO BÁSICO VIOLACIÓN	ART. 179.1 CP	PRISIÓN: 7 a 15 años
TIPO AGRAVADO VIOLACIÓN	ART. 179.2 CP	PRISIÓN: 12 a 15 años
DOS O MÁS CIRCUNSTANCIAS	ART. 180.2 CP	MITAD SUPERIOR
AUTORIDAD O FUNCIONARIO	ART. 180.3 CP	+ INHABILITACIÓN de 6 a 12 años

|| Actuación conjunta de varias personas

Cuando dos o más personas cometen el delito de forma conjunta, la conducta se considera más reprochable debido a la coordinación y el mayor riesgo de daño, incrementando así la pena prevista en el tipo básico.

La jurisprudencia del Tribunal Supremo ha precisado que la razón de ser de esta agravación no radica en el previo acuerdo de voluntades, sino en la colaboración eficaz de varios sujetos en la ejecución del hecho antijurídico. Así, la STS n.º 1142/2009, de 24 de noviembre, ECLI:ES:TS:2009:7194, señala que la actuación conjunta supone un incremento del desvalor de la acción y del resultado, debido a la superioridad objetiva de los autores, a la mayor impunidad o aseguramiento del designio criminal y a la intensificación de la intimidación sufrida por la víctima, con la consiguiente disminución de su capacidad de resistencia. Todo esto provoca un aumento cualitativo de la gravedad del hecho, tanto desde el punto de vista objetivo como subjetivo.

Para la aplicación de la agravante se requiere:

1. **Pluralidad de sujetos**, siendo suficiente la intervención de dos o más personas.

2. **Actuación conjunta**, ya sea concertada previamente o mediante un acuerdo accidental o simultáneo, sin necesidad de planificación previa.

3. Que el delito **pudiera haber sido cometido por uno solo** de los agentes, pues si la actuación conjunta fuese imprescindible para la comisión del delito, no cabría aplicar la agravación.

No se exige, por tanto, una coautoría estricta, sino una intervención conjunta relevante en la ejecución del hecho.

La jurisprudencia (STS n.º 421/2010, de 5 de mayo, ECLI:ES:TS:2010:2303, y las allí citadas) ha establecido importantes límites para evitar la vulneración del principio *non bis in idem*: no podrá aplicarse la agravante al **cooperador necesario** cuando intervienen solo dos personas y la actuación conjunta se valora ya para apreciar la cooperación necesaria. En estos supuestos, aplicar la agravación supondría valorar dos veces la misma circunstancia fáctica.

Así pues, cuando intervienen solo dos personas (autor y cooperador necesario), la agravante solo es aplicable al autor material. En cambio, cuando intervienen más de dos personas, la agravante puede aplicarse a todos los intervinientes, incluidos los cooperadores, ya que la actuación conjunta no se agota en la aportación individual de cada uno, sino que deriva de una pluralidad objetiva preexistente (este criterio ha sido reiterado por las SSTS n.º 246/2017, de 5 de abril, ECLI:ES:TS:2017:1484, y n.º 344/2019, de 4 de julio, ECLI:ES:TS:2019:2200)

> **JURISPRUDENCIA**
>
> **Sentencia del Tribunal Supremo n.º 108/2023, de 16 de febrero, ECLI:ES:TS:2023:534**
>
> *«El artículo 180.1.2º del Código Penal prevé una agravación de las penas cuando los hechos castigados como delito en el artículo 179 sean cometidos por la actuación conjunta de dos o más personas. La jurisprudencia ha entendido mayoritaria-*

mente que al ser el cooperador alguien que colabora al hecho de otro, en esos casos siempre actuarán conjuntamente dos personas, de manera que podría entenderse en un principio que el ser cooperador en un delito de agresión sexual, en todo caso llevaría aparejada la agravación prevista en el artículo 180.1.2° citada. Dicho de otra forma, la actuación del cooperador, por su propia existencia, siempre estaría agravada. Pero se produciría entonces una **doble valoración de la misma conducta**, de un lado para apreciar la cooperación y de otro, sin requerir otros elementos, para aplicar la agravación. Esto ocurriría **cuando en el caso intervinieses solamente dos personas, el autor y el cooperador, y no cuando intervengan más**, pues entonces el cooperador realiza su aportación a un hecho que ya resulta agravado por algo distinto de su propia aportación. Al primero le sería de aplicación la agravación, pues es perfectamente imaginable un autor sin cooperador. Pero no resulta así para el cooperador, pues, siempre por su propia naturaleza, supone la existencia de un auto (sea o no responsable penalmente). De manera que, en esos casos, en los que actúan solo dos personas, una en concepto de autor y otra como cooperador, la agravación del artículo 180.1.2° solo será aplicable al autor". Pero no es este el caso en el que actúan tres". Pues bien, en nuestro caso, actúan siete. Los partícipes participan en un hecho en el que junto con el autor intervienen otros cinco partícipes más. En base a lo expuesto, el motivo debería ser estimado, condenando a Alexis y Anibal con aplicación del subtipo agravado del art. 180.1.2 CP en las tres agresiones sexuales».

|| Violencia extrema o carácter degradante de la agresión

Se agrava la pena cuando la agresión sexual va acompañada de violencia especialmente intensa o de conductas vejatorias que humillen gravemente a la víctima. Se trata de actos que **aumenten la intensidad del sufrimiento y el menoscabo** de la dignidad.

Así pues, esta agravante se identifica con la capacidad de humillar y rebajar a la víctima más allá de lo inherente a toda agresión sexual. Como recuerda la SSTS n.° 675/2009, de 20 de mayo, ECLI:ES:TS:2009:4694, n.° 534/2003, de 9 de abril, ECLI:ES:TS:2003:2489, citadas en la STS y n.° 344/2019, de 4 de julio, ECLI:ES:TS:2019:2200 (sentencia de *La Manada*), toda agresión sexual implica ya vejación y humillación, por lo que la agravación solo procede cuando existe un plus de antijuridicidad, esto es, una violencia o intimidación que supere claramente los niveles propios del delitos.

La jurisprudencia exige brutalidad, salvajismo o animalidad añadidos o una conducta orientada a producir humillación relevante e innecesaria para la ejecución del tipo. Además, según la STS n.° 11/2006, de 19 de enero, ECLI:ES:TS:2006:312 y la STS n.° 417/2017, de 6 de julio, ECLI:ES:TS:2017:2741, la valoración no se limita al acto aislado, sino también a la situación creada y al trato denigrante impuesto a la víctima. En definitiva, la agravante concurre cuando la violencia o intimidación comporta un trato humillante, envilecedor o de padecimiento innecesario, tal y como se expresa en la ya mencionada sentencia de *La Manada*.

|| Situación de especial vulnerabilidad de la víctima

Se considera agravante la comisión del delito sobre personas con vulnerabilidad especial por razón de **edad, enfermedad, discapacidad o cualquier otra circunstancia que limite su capacidad de defensa o autonomía**. Esta circunstancia refleja la necesidad de proteger a los colectivos más indefensos.

Tal y como expresa la STS n.º 886/2021, de 17 de noviembre, ECLI:ES:TS:2021:4213, «*El concepto de vulnerabilidad equivale a la facilidad con que alguien puede ser atacado y lesionado, por* **ausencia de recursos y medios para oponerse** *a lo que de él se pretende, lo que le coloca en una manifiesta desventaja e imposibilidad de hacer frente al agresor. Como exponíamos en la sentencia 709/2020, de 18 de diciembre, reiterada doctrina de esta Sala viene señalando cómo el fundamento de dicha agravación no está en la falta o limitación del consentimiento de la persona ofendida, sino en la* **reducción o eliminación de su mecanismo de autodefensa frente al ataque sexual**».

Igualmente, cabe mencionar la STS n.º 193/2020, de 20 de mayo, ECLI:ES:TS:2020:1320, en donde se expone que la agravante de especial vulnerabilidad del artículo 180 del CP se **diferencia de la intimidación** en que esta última se dirige a vencer la voluntad de la víctima, mientras que la vulnerabilidad opera sobre una situación previa o concurrente de libertad limitada, derivada de factores que dificultan su defensa. Esta agravante constituye, en esencia, una redefinición de la agravante genérica de abuso de superioridad, adaptada al ámbito de la agresión sexual. El concepto de vulnerabilidad equivale a la facilidad para ser agresor, y debe ser independiente de los actos de violencia o intimidación empleados en la ejecución del delito. No obstante, no procede aplicar la agravante cuando la vulnerabilidad deriva exclusivamente de la edad ya tenida en cuenta por el tipo penal, pues ello vulneraría el principio de *non bis in idem*. En los supuestos en que el acceso carnal se obtiene mediante abuso de superioridad, es imprescindible acreditar un plus de antijuridicidad que justifique la especial vulnerabilidad, evitando su aplicación automática.

> **JURISPRUDENCIA**
>
> **Sentencia del Tribunal Supremo n.º 566/2023, de 7 de julio, ECLI:ES:TS:2023:3356**
>
> «*Esa vulnerabilidad de la víctima, puede provenir de las distintas circunstancias que describe la ley, que abarcan cualquier situación imaginable, al especificarse como la edad, que es la primera fase en el desarrollo vital que produce por sí mismo especial vulnerabilidad: junto a* **otras circunstancias, que por razón de disminuir los resortes físicos o psíquicos de resistencia , ocasionan precisamente tal vulnerabilidad**, *como es la enfermedad o la discapacidad, en realidad una modalidad de enfermedad, pero con contornos propios, dada su permanencia, o cualquier situación que cierra el círculo de las posibilidades imaginables de especial vulnerabilidad. Como es de ver, la nueva ley penal no ha hecho otra cosa que trasladar legislativamente esta propia descripción típica, a lo que no era ya otra cosa sino la interpretación jurisprudencial de la circunstancia agravante consignada en el apartado a), que ahora ocupa la letra c), y que dice exactamente: "c) Cuando los hechos se cometan contra una persona que se halle en una situación de especial vulnerabilidad por razón de su edad, enfermedad, discapacidad o por cualquier otra circunstancia"*».

|| Relación de afectividad previa o actual con la víctima

Esta circunstancia agrava la responsabilidad cuando la **víctima es o ha sido esposa o mujer ligada por una relación afectiva**, incluso sin convivencia. La intención es sancionar el abuso de confianza y de proximidad emocional, que agrava el daño psicológico de la víctima.

Prevalimiento de la relación de convivencia, parentesco o superioridad

Cuando el agresor se aprovecha de una **posición de superioridad, parentesco o convivencia**, se incrementa la pena. La reforma de 2022 eliminó limitaciones previas, extendiendo la agravante más allá de ascendientes, hermanos o parientes afines, para reflejar la realidad de las agresiones sexuales intrafamiliares detectadas en estudios como la «Macroencuesta de Violencia sobre la Mujer (2019)», realizada por el Ministerio de Igualdad.

CUESTIÓN

¿Cuándo se aplica la agravante de prevalimiento en el delito de agresión sexual cometido por un jefe a su empleada?

La sentencia del Tribunal Supremo n.º 552/2025, de 18 de junio, ECLI:ES:TS:2025:3190, resuelve un supuesto en el que una trabajadora sufre tocamientos y acercamientos de carácter sexual no consentidos por parte de su jefe directo en una delegación de una empresa. Él la lleva a una zona apartada de la oficina, intenta besarla y le toca pecho y trasero; después continúa con roces innecesarios, invasiones de su espacio personal y órdenes de subir a una escalera para poder sujetarle las piernas. En la sentencia se declara que el acusado era su superior jerárquico y que actuó «prevaliéndose de la cercanía que le brindaba su relación laboral y de su posición en la empresa».

El Tribunal Supremo declara que sí es suficiente para aplicar la agravante de prevalimiento cuando, como en el caso, **el superior jerárquico utiliza conscientemente su posición laboral para cometer el delito sexual** y así se recoge en los hechos probados.

Aclara el tribunal que no basta con que exista una simple relación laboral, sino que es necesario que el hecho probado indique que el autor se aprovecha de su superioridad. En el caso enjuiciado, se declara que el acusado, siendo jefe de la víctima, actuó prevaliéndose de esa relación y de su condición de superior jerárquico para llevar a cabo tocamientos y posteriores acercamientos sexuales.

Por todo ello, la Sala considera correctamente aplicado la agravante del artículo 180 del Código Penal, ya que existe una relación de superioridad laboral y un aprovechamiento efectivo de esa posición para vulnerar la libertad sexual de la víctima.

Uso de armas u otros medios peligrosos

El uso de armas u otros objetos susceptibles de causar la muerte o lesiones graves se considera un agravante específico, al **aumentar el riesgo para la víctima y la intimidación** necesaria para consumar el delito.

Tal y como requiere la jurisprudencia del TS (STS n.º 453/2017, de 21 de junio, ECLI:ES:TS:2017:2524, y las allí citadas), para apreciar esta agravante se exige una valoración objetiva del instrumento empleado y, sobre todo, del uso concreto que se haga de él, no siendo suficiente la percepción subjetiva del agresor o de la víctima. La jurisprudencia del TS advierte del **riesgo de una aplicación automática** de esta agravante cuando el arma se utiliza solo con efectos intimidatorios, pues podría producir una exacerbación punitiva injustificada y vulnerar el principio de *non bis in idem*, al servir el mismo elemento tanto para integrar la intimidación del tipo básico como para agravar la pena (STS n.º 486/2003, de 25 de marzo, ECLI:ES:TS:2003:2072, entre otras).

Por ello, **la mera exhibición del arma** (incluso tratándose de armas de fuego simuladas o armas blancas) **no basta por sí sola** para aplicar la agravante del artículo 180 del CP, cuando no genere un peligro especialmente relevante y constituya el único elemento intimidatorio. Así pues, procede la agravación cuando el arma o medio peligroso: se emplea activamente en la agresión, aunque no llegue a producir lesión; se utiliza para acometer directamente; se aproxima a zonas vitales o especialmente sensibles, creando un riesgo concreto de muerte o lesiones graves.

En conclusión, **lo determinante no es el instrumento en sí, sino el uso efectivo y el peligro concreto generado**, siendo necesaria una aplicación restrictiva y cautelosa de esta agravante para evitar duplicidades punitivas contrarias al *non bis in idem*.

CUESTIÓN

¿Puede aplicarse la agravante si el arma se utiliza para intimidar a la víctima durante todo el ataque?

Un hombre aborda a una mujer a la entrada del portal de su domicilio. Saca una navaja tipo mariposa de unos 12 cm. de hoja, se la coloca primero en el estómago y después en el cuello, diciéndole «no grites, o te rajo» mientras la tira al suelo y se coloca encima, le manosea pechos y genitales, le baja el pantalón, le arranca las bragas y le introduce uno o dos dedos en la vagina. La navaja está presente durante toda la agresión y causa cortes en la mano de la víctima, además de equimosis en el cuello y clavícula. El autor fue condenado por agresión sexual con penetración y uso de arma.

El Tribunal Supremo (STS n.º 919/2024, de 30 de octubre, ECLI:ES:TS:2024:5376), resuelve este supuesto sentenciando que **sí procede aplicar la agravante de uso de arma, ya que se utiliza de forma efectiva y continuada** para intimidar y dominar a la víctima durante toda la agresión sexual. El tribunal sintetiza de la siguiente manera la decisión:

- Arma idónea y efectivamente utilizada: no se trata de una mera tenencia, sino que se exhibe, se coloca en el estómago y cuello y se acompaña de amenazas directas.

- Integración en la dinámica de la agresión: no es un elemento accesorio ni ajeno al ataque sexual.

- Plus de intimidación y riesgo: se incrementa notablemente el miedo, la indefensión y el riesgo para la integridad física de la víctima, lo que justifica la mayor pena.

- Continuidad de la reforma de 2022: el Supremo declara la continuidad entre el antiguo artículo 180.1.5° y el nuevo 180.1.6° del CP aunque cambie de horquilla de penas.

Así pues, cuando el arma se usa para asegurar y mantener la agresión sexual, los tribunales aplican el subtipo agravado de agresión sexual con uso de arma.

|| Anulación de la voluntad de la víctima mediante sustancias

Se agrava la responsabilidad cuando el agresor elimina la capacidad de autodeterminación de la víctima mediante **fármacos, drogas u otras sustancias que faciliten la agresión sexual**. Esta circunstancia refleja la mayor vulnerabilidad y dependencia de la víctima en estos supuestos.

La sentencia del Tribunal Supremo n.º 315/2024, de 11 de abril, ECLI:ES:TS:2024:1997, resulta especialmente ilustrativa al fijar con claridad los límites probatorios de esta agravante. En el caso enjuiciado, las acusaciones sostuvieron que la víctima había sido objeto de sumisión química, mientras que el tribunal de apelación descartó dicha hipótesis y atribuyó el estado de conciencia severamente limitada al consumo de alcohol. El TS pone de relieve que no basta con la mera sospecha ni la existencia de lagunas amnésicas para afirmar la concurrencia de sumisión química, siendo imprescindible una base probatoria sólida y concluyente. En particular, la Sala insiste en que la agravación penal no puede sustentarse en inferencias débiles o conjeturas, máxime cuando las pruebas analíticas resultan negativas o poco significativas, no existe identificación de la sustancia supuestamente suministrada o cuando el comportamiento objetivable de la víctima resulta incompatible con un estado de anulación grave de la conciencia. En este sentido, la sentencia recuerda que el consumo de alcohol, incluso cuando produce desinhibición o lagunas de memoria (*blackout*), no equivale automáticamente a una situación de privación de sentido ni permite, sin más, subsumir los hechos en la lógica de la sumisión química.

Desde la perspectiva del artículo 180 del Código Penal, esta doctrina resulta plenamente trasladable al análisis de la agravante cuando la agresión sexual se comete mediante anulación química de la voluntad. La jurisprudencia exige **comprobar no solo la existencia de la sustancia, sino también su administración dolosa, su capacidad objetiva para producir el efecto descrito y la conexión causal directa entre dicha sustancia y la imposibilidad de consentir**. De lo contrario, la aplicación automática de la agravación podría conducir a una expansión indebida del reproche penal, incompatible con los principios de legalidad, proporcionalidad y culpabilidad.

CUESTIÓN

¿Puede apreciarse esta agravante en agresiones sexuales con drogas en contextos de «fiestas blancas»?

La STS n.º 776/2024, de 18 de septiembre, ECLI:ES:TS:2024:4535, resuelve un supuesto en el que el acusado contactaba sistemáticamente con mujeres que ejercen la prostitución para mantener servicios sexuales bajo la condición de realizar «fiestas blancas» (sexo + consumo de cocaína). Siempre aportaba él la droga, en mucha cantidad y de altísima pureza. Durante el encuentro: les hace esnifar rayas muy grandes, insistiendo aunque ellas le piden parar; les unta cocaína en mucosas (boca, genitales, ano); y aprovecha las caricias para introducir piedras de cocaína en vagina y/o ano sin su consentimiento, algunas veces sin que ellas se den cuenta hasta notar mareos intensos, pérdida de fuerza, pérdida de conciencia y/o convulsiones. Los forenses explican que la vía vaginal/anal produce una absorción muy rápida y que, a esas dosis y pureza, la cocaína pasa a ser veneno.

- El Tribunal Supremo sostiene que es razonable sostener que existe sumisión química, en base a lo siguiente:

- No es simple consumo recreativo: el acusado impone la «fiesta blanca» como condición de servicio y aporta la droga en cantidad y pureza incompatibles con un uso lúdico normal.

- Uso instrumental de la droga: la administración por vías atípicas y de forma subrepticia no consta con el consentimiento de la víctima.

– Efecto de sometimiento: las víctimas describen mareos extremos, pérdida de fuerza, desvanecimientos y convulsiones que imposibilitaban defenderse. Los peritos confirman que las dosis usadas actúan como un veneno que anula la capacidad de reacción.

– Consecuencia jurídica: no hay consentimiento válido para esas prácticas. El agresor excede lo pactado y ataca la libertad sexual. Además, la agresión se realiza aprovechando un estado de especial indefensión provocado por las drogas, lo que agrava claramente el reproche penal.

Así pues, cuando se acredita que el acusado **usa drogas de forma dirigida a anular o reducir gravemente la voluntad y defensa de la víctima, se puede hablar de sumisión química y agravar la responsabilidad penal** por la agresión sexual.

Consecuencias de la concurrencia de varias circunstancias agravantes del delito de agresión sexual

Por último, el apartado 2 del artículo 180 del Código Penal establece que, si coexisten varias de estas circunstancias, las penas se impondrán en su **mitad superior**, reflejando la acumulación de factores que aumentan la gravedad del delito.

Además, si el autor se ha prevalido de su condición de **autoridad o funcionario público**, se impone también la pena de inhabilitación absoluta de 6 a 12 años, reforzando la protección frente a los abusos de poder, conforme al apartado 3 del artículo 180 del CP.

1.6. Subtipo agravado del delito de agresión sexual

La violación como forma agravada de agresión sexual

La LO 10/2022, de 6 de septiembre, de garantía integral de la libertad sexual, supuso una profunda reforma de los delitos contra la libertad sexual al unificar los antiguos delitos de abuso y agresión sexual en un único tipo básico: la agresión sexual, definida por la ausencia de consentimiento. Dicho consentimiento solo existirá cuando se manifieste de manera libre, mediante actos claros, valorados conforme a las circunstancias del caso, tal y como expresa el apartado 1 del artículo 178 del Código Penal.

Sobre esta base común, el legislador mantiene una graduación típica y penológica en función de la gravedad objetiva de la conducta. En este contexto se inserta el artículo 179 del Código Penal, que configura el tipo **subtipo agravado** de agresión sexual, tradicionalmente identificado con la **violación**, cuando concurre acceso carnal u otras determinadas formas especialmente invasivas de agresión sexual.

El tipo básico de la violación

El apartado 1 del artículo 179 del Código Penal sanciona como violación aquellas agresiones sexuales que consistan en:

- Acceso carnal por vía vaginal, anal o bucal.
- Introducción de miembros corporales u objetos por vía vaginal o anal.

Desde el punto de vista objetivo, el elemento decisivo es la existencia de una **penetración**, con independencia de su duración o resultado. La jurisprudencia del Tribunal Supremo (STS n.º 909/2005, de 8 de julio, ECLI:ES:TS:2005:4635) ha interpretado de forma amplia el concepto de acceso carnal, afirmando que «*Es equivalente acceder carnalmente que hacerse acceder*», de modo que el tipo se realiza tanto si el autor penetra como si obliga a la víctima a penetrarle (acuerdo de Sala del Tribunal Supremo de 25 de mayo de 2005).

CUESTIÓN

¿La penetración debe ser efectiva para consumar el delito?

No, tal y como expresa la sentencia del Tribunal Supremo n.º 90/2023, de 13 de febrero, ECLI:ES:TS:2023:481, la agresión sexual se considera consumada con penetración, aunque se haya producido en el introito vaginal: es «*(...)* **suficiente con la unión o contacto de los genitales** *(...)*». «*La jurisprudencia ha ido evolucionando hasta estimar la consumación delictiva en los supuestos del denominado "**coito vestibular**", consistente en la penetración en la esfera genital externa anterior al himen (v. SS. de 22 de septiembre de 1992, 7 de marzo y 31 de mayo de 1994, 20 de junio de 1995, 14 de mayo de 1999 y de 7 de junio de 2000, entre otras), declarándose en la primera y en la última de estas resoluciones que el acceso carnal no depende de circunstancias anatómicas, sino de consideraciones normativas y que, por tanto, no es necesario para su consumación una penetración íntegra o que haya traspasado ciertos límites anatómicos; se trata, por el contrario, del momento en el que ya se ha agredido de una manera decisiva el ámbito de intimidad de la víctima representado por las cavidades de su propio cuerpo, si bien es menester valorar las circunstancias de cada caso concreto, con objeto de poder deducir que los hechos enjuiciados ya han alcanzado un nivel que justifique la represión prevista para los delitos sexuales con acceso carnal", (STS núm. 55/2002, de 23 de enero y las que en ella se citan y en el mismo sentido la STS núm. 476/1999, de 29 de marzo)*».

Por otro lado, desde la perspectiva subjetiva, basta el **dolo**, consistente en el conocimiento de la ausencia de consentimiento y la voluntad de realizar el acceso carnal. Ese conocimiento se evidencia aún más cuando concurre ánimo libidinoso o, al menos, el conocimiento del carácter sexual del acto (STS n.º517/2016, de 14 de junio, ECLI:ES:TS:2016:2895).

Jurisprudencialmente se plantea si una mujer puede ser sujeto activo del delito de agresión sexual cuando la conducta consiste en la penetración del miembro viril. En el Código Penal anterior a 1989 ello no era posible, ya que el delito se configuraba en torno al concepto «yacer», entendido como la introducción del pene en la vagina. Sin embargo, no existe razón para que la protección del bien jurídico de la libertad sexual varíe en función del sexo del autor o de la víctima, ni para considerar que la conducta pierde relevancia lesiva cuando afecta de forma equivalente a dicha libertad.

Con la ampliación legal del concepto de acceso carnal, existirá agresión sexual siempre haya penetración del miembro viril, con independencia del sexo del sujeto activo o pasivo. Así, el delito lo comete tanto quien penetra como quien se hace penetrar. Lo determinante es, por tanto, la existencia de acceso carnal mediante penetración, siendo responsable quien ejerce o se beneficia de la violencia o intimidación. Esta interpretación fue consolidada por el Tribunal Supremo, en el ya mencionado pleno no jurisdiccional de 25 de mayo 2005.

La **pena** prevista para este tipo penal es la de prisión de 4 a 12 años.

Subtipo agravado específico de violación

El apartado 2 del artículo 179 del Código Penal configura un **subtipo agravado** cuando el acceso carnal se cometa:

- Empleando **violencia o intimidación.**
- Cuando la víctima tenga **anulada por cualquier causa su voluntad.**

En dichos supuestos, la **pena** se elevará a prisión de 6 a 12 años, reforzando la respuesta penal frente a las formas más graves de ataque a la libertad sexual.

Este subtipo pone de relieve que, aunque el sistema actual se articula sobre la ausencia de consentimiento, la violencia, la intimidación y la anulación de la voluntad siguen siendo factores de especial reproche, no como elementos definidores del delito, sino como circunstancias que incrementan su gravedad.

La anulación de la voluntad comprende supuestos como la intoxicación, el uso de sustancias, la inconsciencia o situaciones análogas que priven a la víctima de capacidad real de autodeterminación sexual.

JURISPRUDENCIA

Sentencia del Tribunal Supremo n.° 715/2021, de 23 de septiembre, ECLI:ES:TS:2021:3650

«Esta Sala viene entendiendo desde hace muchos años que en el delito de abusos sexuales o de agresión sexual en el caso de penetración en cualquiera de las cavidades que el tipo describe la consumación tiene lugar cuando se produce la introducción efectiva, cualquiera que sea la parte, total o parcial, del objeto o miembro que se introduce (SSTS 19/02/2010 y 355/2013, de 3 de mayo). Como señala la STS 55/2002, de 23 de enero, lo relevante es el momento en que ya se ha agredido decisivamente la más recóndita intimidad de la víctima representada por las cavidades del propio cuerpo. Y es evidente que tal cosa sucede en todo caso de introducción de dedos (vaginal o anal) independientemente de que sea total o sea parcial, pues la introducción existe en ambos supuestos (STS de 19 de febrero de 2010), siempre que la acción realizada vaya más allá del mero tocamiento, ya que los tocamientos en zonas erógenas constituyen el núcleo central de materialización de la agresión sexual simple del art. 178».

Sentencia del Tribunal Supremo n.° 545/2017, de 12 de julio, ECLI:ES:TS:2017:2830

«En este punto la pretensión del recurrente de que "a nivel vaginal" al emplearse una locución adverbial que, según el Diccionario de la Real Academia, significa "en un plano horizontal", lo que implicaría que el acusado introdujo sus dedos en un

plano horizontal a la vagina, no en la vagina misma de la víctima, resulta inaceptable pues dejando de lado disquisiciones semánticas "introducir" en su aceptación segunda del Diccionario de la Real Academia significa "meter o penetrar una cosa en el interior de otra u otras". Siendo si no puede discutirse que, según esta interpretación, los dedos se metieron o penetraron en la vagina».

CUESTIÓN

La amenaza de difundir vídeos sexuales, ¿constituye intimidación propia de la agresión sexual?

La sentencia del Tribunal Supremo n.º 23/2017, de 24 de enero, ECLI:ES:TS:2017:191, resuelve un supuesto en el que un padrastro mantiene relaciones sexuales con la hija de su pareja desde que ella tiene 11 años, inicialmente con fuerza física. Sin que la menor lo sepa, graba en vídeo algunas de esas relaciones. Cuando la menor le dice que quiere dejar de mantener relaciones, él la amenaza con difundir los vídeos por internet para que los vean sus amigos y conocidos, y le muestra uno en la televisión. Por miedo a esa difusión, la menor continúa accediendo a las relaciones sexuales.

El Tribunal Supremo entiende que **la amenaza de difundir los vídeos constituye intimidación grave y eficaz, suficiente** para apreciar un delito de agresión sexual. Declara el tribunal que la amenaza de difusión de vídeos o fotos pornográficas de la menor para que continúe los contactos sexuales y permita el acceso carnal es seria, inmediata y determinante del consentimiento forzado, por lo que es intimidación. Las relaciones se mantienen bajo esa amenaza, por lo que no pueden considerarse consentidas, ya que su voluntad está viciada por el miedo a la difusión pública de su intimidad.

Criterios interpretativos y doctrina jurisprudencial acerca del art. 179 del CP

La jurisprudencia del Tribunal Supremo ha establecido criterios relevantes para la interpretación del artículo 179 del Código Penal:

- **Irrelevancia de la resistencia física de la víctima**. No se exige oposición activa para apreciar la agresión sexual, debiendo descartarse cualquier enfoque basado en estereotipos de comportamiento de la víctima.

- **Amenazas concluyentes**: la intimidación ha de valorarse en función de su eficacia objetiva para doblegar la voluntad de la víctima, no de su exteriorización formal.

Asimismo, el TS ha declarado que las **secuelas psíquicas** derivadas de la agresión sexual quedan, por regla general, absorbidas por el propio tipo penal, sin perjuicio de su consideración a efectos de responsabilidad civil, conforme al principio de consunción.

CUESTIÓN

¿Cabe condenar por agresión sexual con penetración sin prueba física y con denuncia tardía?

Un tío es denunciado por su sobrina por hechos ocurridos en 2014-2015: según ella, la encerraba con llave en la trastienda de una carnicería, la tiraba al suelo y la penetraba vaginalmente usando fuerza y amenazas. La denuncia se formula 4 años después. No hay parte médico ni testigos directos. Constan declaraciones detalladas y reiteradas de la víctima, informe psicológico que acredita un cuadro compatible con agresiones sexuales, declaraciones de la madre y su pareja, que corroboran el trabajo en la carnicería, cambios de conducta y la forma en que la víctima contó los hechos años después. La defensa alega que el retraso en denunciar y la ausencia de prueba física impiden condenar, y que la víctima tenía una vida sexual activa, lo que restaría credibilidad a su relato.

El Tribunal Supremo en su STS n.º 3/2022, de 12 de enero, ECLI:ES:TS:2022:209, confirma la condena por varios delitos de agresión sexual con penetración pese que no había pruebas médicas directas de la penetración y la denuncia se presentó años después de los hechos, ya que el tribunal considera suficiente la declaración de la víctima, que era coherente, detallada y persistente en el tiempo, sin indicios serios de móviles espurios (venganza, odio...), existiendo previamente buena relación familiar; y las corroboraciones periféricas como los informes de la Unidad de Valoración Forense Integral que describen un daño psíquico congruente con el relato y testigos del entorno que confirman el contexto.

El retraso en denunciar y la ausencia de lesiones no impiden, por sí solos, la condena en delitos sexuales, especialmente en el ámbito familiar. Lo decisivo es que el conjunto de prueba sea racionalmente suficiente para destruir la presunción de inocencia.

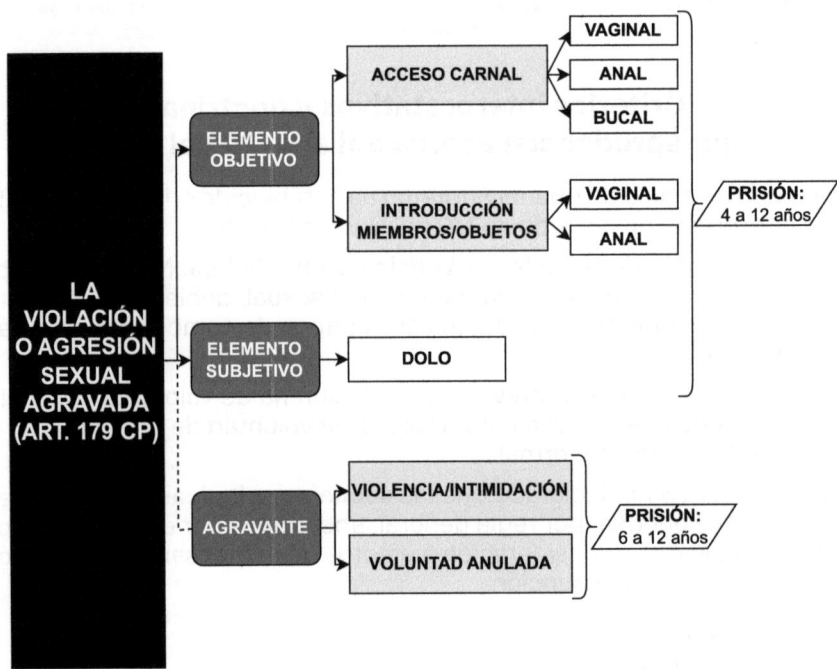

2.
DELITO DE AGRESIONES SEXUALES A MENORES DE 16 AÑOS

Marco legal y bien jurídico protegido en el delito de agresión sexual a menores de 16 años

El delito de agresión sexual a menores de dieciséis años, regulado en el artículo 181 del Código Penal y siguientes, se enmarca en el título VIII del libro II, relativo a los **delitos contra la libertad sexual**, manteniendo una protección reforzada cuando la víctima es menor de edad.

La configuración actual de este precepto es resultado de sucesivas reformas legislativas, en particular, las operadas por la LO 1/2015, de 30 de marzo, la LO 10/2022, de 6 de septiembre y la LO 4/2023, de 27 de abril, cuyo denominador común es el **refuerzo de la tutela penal de los menores frente a cualquier forma de violencia sexual**.

Desde la reforma introducida por la **LO 1/2015, de 30 de marzo**, el legislador sustituyó la referencia expresa a los «*actos que atenten contra la indemnidad sexual*» por la actual formulación «*actos de carácter sexual con un menor de dieciséis años*», ampliando de esta manera el ámbito subjetivo de protección.

Este cambio terminológico dio lugar a un debate interpretativo que ha sido resuelto por la jurisprudencia del Tribunal Supremo (STS n.º 424/2017, de 13 de junio, ECLI:ES:TS:ES:TS:2017:2359 y STS n.º 301/2016, de 12 de abril, ECLI:ES:TS:2016:1487, entre otras), que ha declarado constantemente que dicha modificación no ha supuesto una alteración del bien jurídico protegido ni una restricción del ámbito típico, sino una rectificación de carácter semántico, manteniéndose plenamente vigente la **indemnidad sexual del menor** como eje central de protección penal. Así, se entiende por indemnidad sexual el **derecho del menor a no verse involucrado en situaciones de naturaleza sexual**, con independencia de que exista o no contacto físico, a fin de **preservar su desarrollo físico, psíquico y emocional**.

Consecuentemente, el Tribunal Supremo ha reiterado que:

- **No es necesario el contacto** corporal entre autor y víctima.
- **No se exige la concurrencia de ánimo libidinoso** o finalidad sexual subjetiva.
- Basta con que la **conducta tenga objetivamente carácter sexual** y sea idónea para afectar a la indemnidad sexual del menor.

Esta interpretación amplia resulta coherente tanto con la Directiva 2011/93/UE, relativa a la lucha contra los abusos y la explotación sexual de los menores, como con el propio sistema del Código Penal, cuyo epígrafe del título VIII sigue aludiendo expresamente a la indemnidad sexual como bien jurídico protegido.

Por otro lado, la **LO 4/2023, de 27 de abril**, refuerza esta línea de política criminal al introducir modificaciones en el artículo 181 del Código Penal orientadas a incrementar la proporcionalidad y el rigor punitivo en los supuestos más graves. En particular, excluye la posibilidad de aplicar el tipo atenuado cuando la víctima tenga anulada su voluntad, alineando el régimen aplicable a los menores con el previsto para víctimas mayores de edad.

Igualmente, la reforma recupera **penas más elevada**s para las modalidades agravadas, similares a las vigentes con anterioridad, atendiendo a la especial gravedad que revisten las agresiones sexuales cometidas contra menores de dieciséis años.

En definitiva, el artículo 181 del CP configura un sistema de protección penal en el que el **bien jurídico protegido** de **la indemnidad sexual del menor** permanece inalterado, pese a los cambios terminológicos, y en el que las reformas más recientes refuerzan una **respuesta penal más estricta y coherente con los estándares** de protección de la infancia.

A diferencia de los delitos sexuales cometidos sobre mayores de edad, en este ámbito **el consentimiento del menor resulta jurídicamente irrelevante** en la mayoría de los casos, lo que justifica un tratamiento penal autónomo y más severo, ya que la finalidad de este tipo penal es la protección reforzada de la libertad e indemnidad sexual de los menores, partiendo de la **premisa de que carecen de capacidad jurídica para consentir válidamente actos sexuales**.

A TENER EN CUENTA. Parte de la jurisprudencia examinada aplica la regulación anterior a las reformas, por lo que, aplicando el marco normativo anterior, se hace referencia a categorías típicas hoy derogadas, sin que ello reste valor interpretativo a sus criterios.

Tipo básico del delito de agresión sexual a menor de dieciséis años

El apartado 1 del artículo 181 del Código Penal tipifica como delito la **realización de actos de carácter sexual** con un menor de dieciséis años, castigándolos con una **pena** de prisión de 2 a 6 años.

El precepto, como ya se ha mencionado, adopta un **concepto amplio de acto sexual**, incluyendo expresamente:

- Los actos realizados directamente por el **autor sobre el menor**.
- Aquellos en los que el menor actúa **con un tercero**, siempre que sea a instancia o inducción del autor.
- Supuestos en los que el menor realiza actos **sobre sí mismo**, siempre que sea a instancia o inducción del autor.

Esta amplitud responde a la necesidad de abarcar todas las formas de instrumentalización sexual del menor, también en contextos no presenciales o de manipulación psicológica.

El tipo subjetivo del delito de agresión sexual a menor de dieciséis años no exige un ánimo libidinoso o de satisfacción sexual, sino el **dolo** consistente en el **conocimiento y voluntad de realizar un acto de inequívoco contenido sexual** que afecta al bien jurídico protegido. Conforme a la jurisprudencia consolidada del Tribunal Supremo, el dolo en estos delitos se integra por dos elementos fundamentales: el conocimiento de la naturaleza sexual del acto que se ejecuta voluntariamente y la conciencia de que dicho acto afecta al bien jurídico protegido, es decir, a la libertad o indemnidad sexual de la víctima.

CUESTIÓN

¿Puede alegarse que se desconocía la edad de la víctima para no apreciar dolo?

En un delito de agresión sexual a una menor de 16 años, el acusado, realiza actos sexuales con una niña de 13 años, amiga de su hija. La menor acude a la comunión de la hija del acusado y es conocida en el entorno familiar. La defensa alega que el acusado no conocía con exactitud la edad de la víctima y que, por su escasa formación, habría incurrido en un error sobre la edad y sobre la licitud del hecho, negando así el dolo.

El Tribunal Supremo resuelve en su STS n.º 75/2025, de 31 de enero, ECLI:ES:TS:2025:776, que no es necesario conocer la edad exacta de la víctima, **basta con saber o aceptar que menor de 16 años, descartando cualquier error y afirmando la existencia de dolo (al menos, eventual)**, condenando por agresión sexual a menor de 16 años.

Tal y como expresa el Supremo, el dolo debe abarcar la realización de actos de carácter sexual y el conocimiento o racional presunción de que la víctima es menor de 16 años. No se exige que el acusado sepa la edad exacta, sino que sepa o acepte que está por debajo del límite legal. A mayores, si el autor duda sobre la edad, pero pudiendo informarse, actúa igualmente, se entiende que le es indiferente que la víctima tenga menos de 16 años, no apreciándose pues error de tipo, sino dolo eventual, que es tan reprochable como el dolo directo.

Por otro lado, respecto al error sobre la ilicitud (error de prohibición), considera el tribunal que el desconocimiento de que mantener actos sexuales con una niña de 13 años es delictivo se considera, en la práctica, inverosímil e incompatible con una vida normal en sociedad.

Cabe resaltar que, actualmente, deja claro la jurisprudencia del Tribunal Supremo (STS n.º 334/2025, de 9 de abril, ECLI:ES:TS:2025:1736, y las allí citadas, entre otras) que la comisión de delitos sexuales contra menores no exige contacto físico entre autor y víctima, ni siquiera cuando los hechos se desarrollan en **entornos telemáticos**. La evolución tecnológica ha reforzado esta interpretación y así ha reconocido el TS que las nuevas formas de comunicación permiten ataques a la indemnidad sexual de menores mediante una **cercanía virtual** capaz de producir una afectación grave del bien jurídico protegido. Por tanto, se consideran típicas conductas como obligar a una menor a enviar imágenes de contenido sexual, obtener grabaciones de actos sexuales ejecutados por menores o inducir a menores a realizar actos sexuales ante una *webcam* para su observación por terceros.

CUESTIONES

1. ¿Constituye agresión sexual los tocamientos a un menor mientras duerme?

En unas colonias de verano, un menor de 12 años duerme en una habitación compartida con otros niños. De madrugada, el monitor/coordinador entra varias noches en la habitación, se acerca a su cama, le baja el pantalón y le toca las nalgas y el pene mientras el menor duerme. El menor acaba contando lo sucedido a una monitora y a sus padres. Presenta miedo a dormir solo y precisa tratamiento psicológico.

La sentencia del Tribunal Supremo n.º 358/2023, de 16 de mayo, ECLI:ES:TS:2023:2283, la cual resuelve este supuesto, condena los hechos como agresión sexual a menor de 16 años en su modalidad continuada, aunque el menor estuviera dormir y no hubiera violencia física. Antes de la LO 10/2022, de 6 de septiembre, los hechos se calificaron como abuso sexual a menor de 16 años en delito continuado. El propio tribunal señala que, tras la reforma, estos hechos pasan a encajar en la agresión sexual a menor de 16 años, debido a que ahora **toda conducta sexual sin consentimiento se conceptúa como agresión, sin necesidad de violencia o intimidación clásicas**.

A mayores, el sueño del menor y la posición de monitor refuerzan la gravedad: se aprovecha de una situación de especial vulnerabilidad (niño dormido, de noche, en un entorno cerrado) y una relación de confianza y autoridad (coordinador responsable de su cuidado). Además, descarta el tribunal que se trate de hechos de menor entidad a efectos del tipo atenuado del apartado 2 del artículo 181 del Código Penal, ya que hay varias acciones, en contexto de especial confianza y con una última conducta especialmente invasiva, por lo que no procede rebajar la pena.

2. ¿Se aprecia agresión sexual si se tocan partes no típicamente sexuales?

Un hombre aborda de noche a una menor de 14 años que camina sola. Le hace comentarios sobre su físico y, en especial, sobre sus pies («Que pies más bonitos tienes, ¿me dejas que te los toque?»). Ante la negativa de la menor, la agarra por los brazos, la empuja contra una persiana metálica y la inmoviliza, diciéndole: «Déjame que te chupe o te hago algo peor» y «Como no te estés quieta te violo, déjame que me haga una paja y me voy». Le quita una sandalia, introduce el pie de la menor en su boca y se lo chupa mientras se masturba por debajo del pantalón. La víctima consigue huir, sin lesiones físicas, pero con gran miedo y malestar. El acusado sostiene que no hay agresión sexual porque el pie no es una zona erógena.

La STS n.º 804/2024, de 26 de septiembre, ECLI:ES:TS:2024:4617, considera que el acto tiene un inequívoco carácter sexual (no es un contacto casual con el pie, sino introducirlo en la boca y chuparlo mientras se masturba, con claro ánimo libidinoso). Expone el tribunal que **no es imprescindible tocar genitales u otras zonas típicamente sexuales, sino que la sexualidad del acto se determina por el contexto, la finalidad del autor y el significado objetivo de la conducta, no solo por la parte del cuerpo afectada**. A mayores, existe violencia y amenazas sexuales directas.

3. ¿Un tocamiento sorpresivo a una menor, de forma rápida y sin causar lesiones, puede considerarse agresión sexual?

Un hombre sigue a varias chicas jóvenes y menores de edad hasta su portal o ascensor y, de forma rápida y sorpresiva, les toca el culo, los pechos, la zona genital por encima de la ropa o les levanta la falda por detrás. En algunos casos hay forcejeo dentro del ascensor o intento de entrar en la vivienda; en otros, el contacto es muy breve y la menor se va corriendo.

El Tribunal Supremo en su STS n.º 632/2019, de 18 de diciembre, ECLI:ES:TS:2019:4303, sentencia que un solo tocamiento basta para el delito, siempre que sea inconsentido y con clara significación sexual. Solo se exige contacto corporal sexual y ánimo de obtener satisfacción sexual.

A mayores, en el episodio de levantar la falda a una menor, se condena por tentativa de abuso sexual a menor ya que, aunque el tocamiento no llega a consumarse, el seguimiento y el gesto de levantar la falda muestran intención de tocamiento sexual que se frustra por la reacción de huida de la víctima.

Modalidad agravada del delito de agresión sexual a menor de dieciséis años

El apartado 2 del artículo 181 del Código Penal eleva la respuesta penal cuando en la conducta concurren las circunstancias previstas en los apartados 2 y 3 del artículo 178 del Código Penal, es decir:

- **Violencia o intimidación**.
- Abuso de situación de **superioridad o de vulnerabilidad** de la víctima.
- Víctima **privada de sentido** o abuso de su situación mental.
- Víctima con **anulación de su voluntad**.

En estos supuestos la **pena** de prisión asciende de 5 a 10 años, reflejando una mayor gravedad del ataque a la libertad sexual del menor.

CUESTIÓN

¿Puede aplicarse la agravante por privación de sentido cuando la menor está muy bebida pero no totalmente inconsciente?

Una menor de 15 años acude a una fiesta en casa de un chico mayor de edad. Bebe un combinado alcohólico y empieza a sentirse muy mareada y sin fuerzas. Se tumba en una cama y luego va al baño, donde se sienta en la tapa del inodoro y acaba en el suelo, prácticamente inerme. El anfitrión entra en el baño, le quita la ropa y la penetra vaginalmente, aprovechando que ella está muy afectada por el alcohol, sin capacidad real de reaccionar ni de oponerse. La menor presenta un fuerte cuadro ansioso-depresivo, con ingreso psiquiátrico.

El Tribunal Supremo, en su STS n.º 65/2025, de 30 de enero, ECLI:ES:TS:2025:376, declara que el apartado 2 del artículo 181 del CP se aplica también cuando la víctima, aun no estando totalmente inconsciente, sufre una disminución muy intensa de sus facultades por el alcohol que la deja prácticamente inerme, sin capacidad real de consentir ni de oponerse. Señala el TS que la «privación de sentido» comprende **no solo la inconsistencia total, sino también la disminución apreciable e intensa de las facultades anímicas que anula en la práctica la voluntad y los frenos inhibitorios de la víctima**. Así pues, se confirma la condena por agresión sexual con penetración a menor de edad y se subsume la situación de la menor en el apartado 2 del artículo 181 del CP, al haberse aprovechado el acusado de su estado de embriaguez y de su imposibilidad real de reacción, ya que, aunque la menor no estuviera en coma o inconsciencia total, el alcohol ha anulado de facto su capacidad de decisión y el autor se aprovecha de ello para realizar la penetración.

|| Atenuación del delito de agresión sexual a menor de dieciséis años

El apartado 3 del artículo 181 del Código Penal permite al tribunal imponer la **pena inferior en grado** siempre que:

1. El hecho sea de **menor entidad**.
2. Se valoren las **circunstancias concurrentes**, incluidas las personales del autor.
3. La decisión se **razone expresamente** en sentencia.

No obstante, esta posibilidad queda expresamente **excluida** cuando:

- Medie **violencia o intimidación**.
- La víctima tenga **anulada su voluntad** por cualquier causa.
- Concurran **circunstancias agravadas** del apartado 5 del artículo 181 del CP.

CUESTIONES

1. ¿Cuándo puede apreciarse la «menor entidad» de los hechos?

La sentencia del Tribunal Supremo n.º 351/2025, de 10 de abril, ECLI:ES:TS:2025:1737, resuelve un supuesto en el que un adulto, entrenador de un gimnasio, contacta por redes con una usuaria menor de 14 años. Quedan en una vivienda y, cuando se quedan a solas de madrugada, empieza a besarla. La menor le dice que pare, pero él le toma la mano y la obliga a masturbarle hasta la eyaculación. La madre de la menor presenta denuncia y es condenado. Tras la entrada en vigor de la LO 10/2022, de 6 de septiembre, el condenado pide aplicar retroactivamente el subtipo atenuado por menor entidad del hecho, alegando que la nueva regulación es más favorable.

El Tribunal Supremo niega esta atenuación en base a: la menor se opone expresamente y, pese a ello, el acusado la obliga a masturbarle; la conducta es próxima a la violencia o coacción, no es un contacto leve o ambiguo; el acto sexual es muy invasivo (masturbación completa hasta la eyaculación, no un simple tocamiento fugaz); y, además, el acusado presenta reiteración en conductas similares (varios delitos contra distintas menores). Por tanto, con estos elementos, **el hecho no puede considerarse de menor entidad, ni por la forma de ejecución ni por las circunstancias personales del autor**, por lo que se descarta el subtipo atenuado y se mantiene la pena sin rebaja por este concepto.

2. ¿Puede la cercanía de edad atenuar una agresión sexual con penetración?

Un acusado de 18 años es condenado por agresión sexual a menor de 16 años con penetración vaginal y por agresión sexual ya que obligó a la menor (de 15 años, a pocos meses de cumplir 16) a masturbarle en el baño, impidiéndole salir y, después, en el dormitorio, pese a la negativa expresa y los empujones de la menor, se coloca encima, la sujeta, le levanta el vestido, le quita las bragas y la penetra vaginalmente hasta eyacular, causándole un eritema en la cara interna del muslo. La defensa pide aplicar el tipo atenuado por la menor entidad del hecho, alegando la cercanía de edad, relación previa consentida, ausencia de lesiones graves y cierta voluntariedad inicial de la menor al acudir a la casa y al dormitorio.

El Tribunal Supremo resuelve en su STS n.º 978/2024, de 6 de noviembre, ECLI:ES:TS:2024:5429, que no procede aplicar el tipo atenuado, recordando que para apreciar la menor entidad del hecho se exige una afectación especialmente leve de la indemnidad sexual y, además, que no concurran supuestos excluidos por la propia ley (violencia o intimidación, acceso carnal...). Expone, además, que el tipo atenuado se ha aplicado en casos de tocamientos fugaces y superficiales (por ejemplo, en glúteos, por encima de la ropa, durante unos segundos y en lugares públicos), donde la intensidad lesiva es mucho menor.

Así pues, **la cercanía de edad, la relación sexual previa consentida o la escasa entidad de las lesiones físicas no reducen la entidad de una agresión sexual** con penetración no consentida a una menor. Por ello, no se aprecia la menor entidad del hecho y se desestima la aplicación del tipo atenuado.

‖ Agresión sexual con acceso carnal a menor de dieciséis años

El apartado 4 del artículo 181 del Código Penal contempla una modalidad cualificada cuando el acto sexual consista en:

- **Acceso carnal** por vía vaginal, anal o bucal.
- **Introducción de miembros corporales u objetos** por vía vaginal o anal.

Se impondrán las **penas** de prisión de 8 a 12 años para el tipo básico del delito y de 12 a 15 años, en las modalidades agravadas del apartado 2 del artículo 181 del CP.

‖ Circunstancias agravantes específicas del delito de agresión sexual a menor de dieciséis años

El apartado 5 del artículo 181 del Código Penal establece un elenco de circunstancias agravantes específicas, que determinan la imposición de la pena en su **mitad superior**, estas son:

1. **Actuación conjunta** de dos o más personas. Cabe destacar la STS n.º 456/2022, de 10 de mayo, ECLI:ES:TS:2022:1864, cuando dice que «*Para la aplicación de este supuesto agravado se requiere que la pluralidad de sujetos actúe de forma conjunta o confabulados para agredir sexualmente al sujeto pasivo, en cambio, no es preciso, de forma necesaria, un previo concierto de voluntades entre los sujetos, bastando el acuerdo accidental de los mismos. Para la aplicabilidad de este supuesto agravado es preciso que el delito pudiera haberlo cometido uno sólo de los agentes, pues si para la comisión del delito resultara imprescindible la actuación conjunta de todos, en el caso concreto, no podríamos aplicar la presente agravación*».

2. **Violencia de extrema** gravedad o **trato especialmente vejatorio**. La jurisprudencia del TS exige que la violencia o intimidación revista un carácter particularmente vejatorio o degradante, es decir, un *plus* de antijuridicidad que supere claramente el nivel inherente al propio deli-

to sexual. No basta el uso de un lenguaje soez o expresiones habituales en el entorno de los autores, sino que debe apreciarse una actuación objetivamente orientada a humillar, cosificar y degradar a la víctima mediante un *modus operandi* especialmente lesivo de su dignidad. Se debe de constituir un escenario de sometimiento y vejación cualificada, plenamente justificativo de la aplicación del subtipo agravado (STS n.º 987/2021, de 15 de diciembre, ECLI:ES:TS:2021:4621).

3. Víctimas en situación de **especial vulnerabilidad**, y en todo caso, **menores de cuatro años**.

4. Relación de **pareja**, aun sin convivencia.

5. **Prevalimiento** de una relación de convivencia, parentesco o superioridad. La sentencia del Tribunal Supremo n.º 977/2021, de 13 de diciembre, ECLI:ES:TS:2021:4622, expresa que «*El apartado 4.d) del artículo 183 del Código Penal agrava la pena cuando, para la ejecución del delito, el responsable se haya prevalido de una relación de superioridad. El prevalimiento, pues, exige que la superioridad sea eficaz o, dicho de otra forma, que sea relevante para la ejecución del delito. Los requisitos que se desprenden del texto legal son los siguientes: 1o) una situación de superioridad, que puede estar originada por diversas causas; 2o) que esa situación facilite la ejecución del delito, es decir, sea relevante a esos efectos; y 3o) que el agente del hecho, consciente de la situación de superioridad, se prevalga de la misma situación para conseguir el consentimiento, así viciado, a la relación sexual*». A mayores, la jurisprudencia del Tribunal Supremo exige un *plus* cualificado, consistente en una preeminencia real y efectiva del autor, derivada del parentesco, cuasiparentesco o posición de autoridad, aprovechada para facilitar la comisión del hecho, y no para obtener un consentimiento jurídicamente inexistente. Por ello, es imprescindible que en los hechos probados conste algo más que la edad, sin que exista vulneración del *non bis in idem* cuando la edad tipifica el delito y la relación de superioridad opera como factor agravante autónomo (SSTS n.º 914/2021, de 24 de noviembre, ECLI:ES:TS:2021:4322, n.º 585/2020, de 5 de noviembre, ECLI:ES:TS:2020:3776, y n.º 498/2020, de 8 de octubre, ECLI:ES:TS:2020:3261).

6. Uso de **armas o medios peligrosos**.

7. **Sumisión química**.

8. Comisión en el seno de una **organización o grupo criminal**.

A TENER EN CUENTA. En caso de que en la descripción de las modalidades típicas previstas en los apartados 1 a 3 de este artículo 181 se hubiera tenido en consideración alguna de las anteriores circunstancias el conflicto se resolverá conforme a la regla del artículo 8.4 de este Código.

En el caso de que concurran **dos o más** de estas circunstancias, el apartado 6 del artículo 181 del CP impone la pena en su **mitad superior**.

Por último, en el caso de que el autor del delito se prevalga de su condición de **autoridad, agente o funcionario público** se establece la consecuencia accesoria de pena de **inhabilitación absoluta** de 6 a 12 años, conforme al apartado 7 del artículo 181 del CP, reforzando así la respuesta penal frente al abuso de poder institucional.

CUESTIÓN

¿Puede apreciarse prevalimiento cuando el autor es tío abuelo de la menor y no ascendiente directo?

Un hombre de 60 años, tío abuelo de una niña de 4 años, queda a cargo de la menor en la vivienda donde esta acude por las tardes debido al trabajo de la madre. Aprovechando que se quedan solos (en el sofá, en la cama y en el baño), y prevaliéndose de la confianza que la niña tiene en él, realiza tocamientos sexuales en la zona genital externa al menos en tres ocasiones.

La AP le condena por delito continuado de abusos sexuales a menor de 16 años apreciando, entre otras circunstancias, el prevalimiento de parentesco. La defensa sostiene que no puede aplicarse esta agravante porque el acusado no es ascendiente ni hermano de la víctima, y que ya se ha valorado la vulnerabilidad de la menor por su edad.

La sentencia del Tribunal Supremo n.º 654/2025, de 9 de julio, ECLI:ES:TS:2025:3306, resuelve este caso confirmando la concurrencia de **prevalimiento de parentesco** porque el tío abuelo se aprovecha de una clara situación de superioridad y de la especial relación familiar y de confianza con la menor. Considera el TS como dato clave el hecho de que la niña considera como tío abuelo al acusado y este la trata «como una nieta» y los hechos suceden cuando la menor se queda sola a su cargo en su vivienda. Esta posición le coloca en un plano de autoridad y ascendencia moral sobre la menor, que confía en él por ser familiar cercano y figura de cuidado.

A mayores, recuerda el Supremo su doctrina por la que el prevalimiento no se agota en el parentesco «ascendiente o hermano» expresamente citado, sino que se proyecta sobre cualquier situación de superioridad relevante (laboral, docente, familiar, económica, de edad, de guardador de hecho...) y se requiere un «desnivel notorio» que restrinja de forma relevante la capacidad de decisión de la víctima. Así pues, el autor aprovecha la relación cuasi-parental (tío-abuelo y cuidador habitual) para explotar la confianza de la niña y esa superioridad moral y situacional es lo que instrumentaliza para ejecutar los tocamientos.

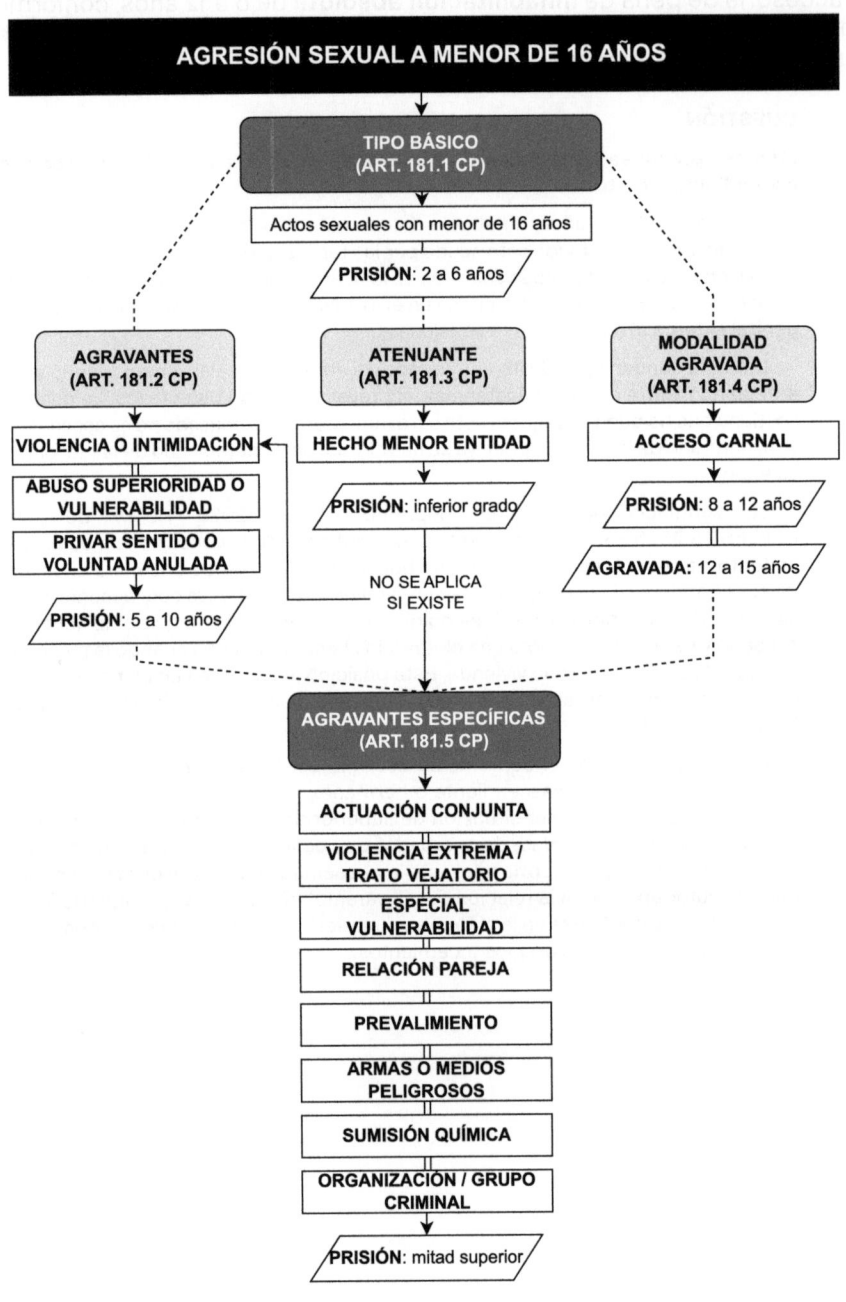

AGRESIÓN SEXUAL A MENOR DE 16 AÑOS

TIPO BÁSICO
(ART. 181.1 CP)

Actos sexuales con menor de 16 años

PRISIÓN: 2 a 6 años

AGRAVANTES
(ART. 181.2 CP)

ATENUANTE
(ART. 181.3 CP)

MODALIDAD
AGRAVADA
(ART. 181.4 CP)

VIOLENCIA O INTIMIDACIÓN

HECHO MENOR ENTIDAD

ACCESO CARNAL

ABUSO SUPERIORIDAD O
VULNERABILIDAD

PRIVAR SENTIDO O
VOLUNTAD ANULADA

PRISIÓN: inferior grado

PRISIÓN: 8 a 12 años

NO SE APLICA
SI EXISTE

AGRAVADA: 12 a 15 años

PRISIÓN: 5 a 10 años

AGRAVANTES ESPECÍFICAS
(ART. 181.5 CP)

ACTUACIÓN CONJUNTA

VIOLENCIA EXTREMA /
TRATO VEJATORIO

ESPECIAL
VULNERABILIDAD

RELACIÓN PAREJA

PREVALIMIENTO

ARMAS O MEDIOS
PELIGROSOS

SUMISIÓN QUÍMICA

ORGANIZACIÓN / GRUPO
CRIMINAL

PRISIÓN: mitad superior

Otros delitos contra la libertad e indemnidad sexual a menores de 16 años

|| Delito de exhibición de actos sexuales a menor de dieciséis años

El artículo 182 del Código Penal tipifica una modalidad específica del delito de agresión sexual a menor de dieciséis años consistente en **hacer presenciar al menor actos de carácter sexual con fines sexuales**, aun cuando el autor no participe directamente en dichos actos. Se trata de una infracción autónoma, orientada a la protección de la indemnidad sexual del menor, que se ve lesionada por la exposición a conductas sexuales inapropiadas para su desarrollo psicoafectivo.

El tipo básico, regulado en el apartado 1 del artículo 182 del Código Penal, exige como **elementos** esenciales:

1. **Minoría de edad** de la víctima (menor de 16 años).

2. **Intencionalidad sexual** del autor.

3. Acción de **hacer presenciar actos de carácter sexual**, ya sean realizados por el propio sujeto activo o por terceros.

La **pena** prevista para este tipo penal es la de prisión de 6 meses a 2 años.

El apartado 2 del artículo 182 del Código Penal establece un **subtipo agravado** cuando los actos presenciados por el menor **constituyen en sí mismo un delito contra la libertad sexual**, elevándose la **pena** a prisión de 1 a 3 años, atendiendo al mayor desvalor de la conducta y a la intensidad de la lesión al bien jurídico.

> **CUESTIÓN**
>
> **¿Cuándo procede aplicar el delito del artículo 182 del Código Penal en lugar de entender absorbida la conducta por una agresión sexual continuada a menor de dieciséis años?**
>
> Un hombre convive con la hija menor de su pareja y, durante años, comete sobre ella distintos actos de agresión sexual, por los que es condenado por un delito continuado de agresión sexual a menor de dieciséis años. Además, se le acusa de un delito del artículo 182 del CP, porque, según la menor, en ocasiones le ponía material pornográfico y la hacía presenciar actos de carácter sexual.
>
> La SAP de Almería n.º 55/2023, de 17 de febrero, ECLI:ES:APAL:2023:348, declara que la exhibición de pornográfica o la incitación a presenciar actos sexuales **se entiende absorbida por la agresión sexual continuada y no se castiga de forma autónoma** por el artículo 182 del Código Penal, cuando forma parte de la misma secuencia de abusos. Así pues, se absuelve al acusado por este delito ya que no se acredita con precisión el número de veces ni el contexto de la exhibición de pornografía y esa conducta se considera una progresión o preparación de los abusos sexuales que finalmente se cometen. De este modo, el tribunal aplica la consunción ya que; el delito del artículo 182 del CP es un delito de peligro y el delito de agresión sexual es un delito de lesión que materializa ese peligro, por tanto, cuando se llega a la agresión sexual, el desvalor del delito de exhibición de actos sexuales queda integrado en el delito más grave y no se castiga dos veces. Solo cabría la condena autónoma por el artículo 182 si las conductas de hacer presenciar actos sexuales o exhibir pornografía a la menor fuera claramente autónomas, reiteradas y separadas de los abusos, o el autor actuara como verdadero «tercero» que hace presenciar actos sexuales sin que su conducta quede englobada en una agresión sexual propia.

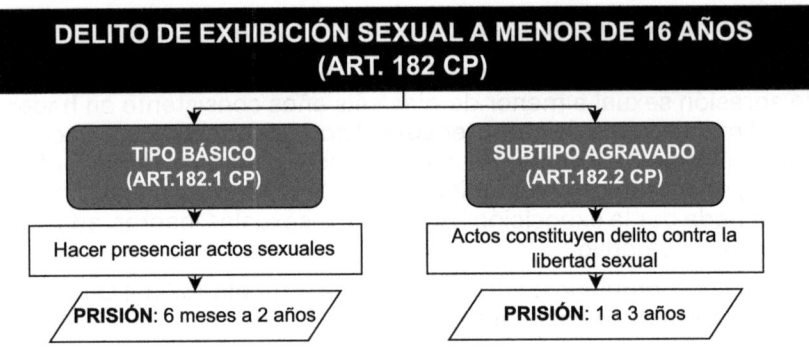

Delito de ciberacoso sexual a menor de dieciséis años o *child grooming*

El artículo 183 del Código Penal castiga el llamado *child grooming* o ciberacoso sexual a menores, definido como el **contacto a través de medios tecnológicos** (como internet, teléfonos u otras herramientas de comunicación digital) con un menor de 16 años **con fines sexuales o con la intención de obtener material pornográfico** que involucre al menor.

Conforme al preámbulo de la LO 1/2015, de 30 de marzo, la norma busca proteger a los menores frente a abusos cometidos mediante tecnologías, dada la facilidad de acceso y el anonimato que estas proporcionan. Esta normativa sigue las directrices del Convenio de Lanzarote (2007), el Protocolo Facultativo de Nueva York (2000), el Convenio de Budapest (2001) y la Directiva 2011/92/UE, que subrayan la gravedad del ciberacoso infantil y la explotación sexual de menores.

> **JURISPRUDENCIA**
>
> **Sentencia del Tribunal Supremo n.º 716/2024, de 4 de julio, ECLI:ES:TS:2024:3746**
>
> *«Como dijimos en la STS 916/2021, de 24 de noviembre, el término Child Grooming se refiere, por tanto, a las acciones realizadas deliberadamente con el fin de establecer una relación y un control emocional sobre un menor con el fin de preparar el terreno para una relación sexual.*
>
> *En cuanto a su naturaleza se trata de un supuesto en el que **el derecho penal adelanta las barreras de protección, castigando al que, en realidad, es un acto preparatorio para la comisión de abusos sexuales** menores de 13 años (ahora 16 años).*
>
> *(...)*
>
> *La naturaleza de este delito es de peligro por cuanto se configura no atendiendo a la lesión efectiva del bien jurídico protegido, sino a un comportamiento peligroso para dicho bien, peligro concreto pues la acción se realiza respecto de un menor identificado y la realización de actos concretos de acercamiento».*

El tipo penal contempla dos **supuestos** principales:

- **Propuesta de encuentro con fines sexuales**. El apartado 1 del artículo 183 del Código Penal castiga al que, a través de cualquier tecnología de comunicación, contacte con un menor para concertar un encuentro destinado a cometer delitos sexuales, siempre que se acompañe la propuesta de actos concretos dirigidos a acercarse al menor. La **pena** interpuesta es la de prisión de 1 a 3 años o multa de 12 a 24 meses. La pena se aumentará en su **mitad superior** en los casos en los que se utilice coacción, engaño o intimidación para conseguir el acercamiento.

- **Obtención de material pornográfico**. El apartado 2 del artículo 182 del Código Penal sanciona al que contacte con un menor para persuadirlo o engañarlo con el fin de que facilite fotos, vídeo o contenido de carácter pornográfico en las que aparezca él o ella mismo/a u otros menores. Se impone la **pena** de prisión de 6 meses a 2 años.

En ambos casos, la clave reside en el uso de la tecnología para establecer un contacto con el menor con fines sexuales o de explotación, aunque no se llegue a producir un contacto físico directo. En la práctica, los *groomers* crean perfiles falsos, ganan la confianza del menor y buscan material sexual explícito, pudiendo derivar en encuentros presenciales, acoso o chantaje. Por ello, la conducta se considera delito **consumado** desde la fase de captación mediante medios tecnológicos.

Por último, el ciberacoso sexual a menores puede conformar **concurso real** de delitos con otros delitos sexuales, siendo esto habitual en la práctica jurídica.

CUESTIONES

1. ¿Se aprecia delito de *child grooming* si no se conservan los mensajes en redes sociales?

Un adulto de 26 años contacta con una menor de 14 años a través de Instagram. Le miente sobre su edad (dice tener 20 años), consigue que le acepte como amigo y obtiene su teléfono y la dirección de su domicilio. Después le pide prácticas sexuales (masturbaciones, fotos desnuda, etc.), y la menor llega a enviarle imágenes de contenido sexual. Mas tarde, al descubrir en Facebook que él tiene más edad, la menor corta la relación. Él crea nuevos perfiles y sigue contactando.

En el proceso penal no se han podido recuperar o aportar las conversaciones ni las imágenes (no hay rastro digital completo). La prueba principal sobre este extremo es la declaración de la menor, considerada coherente y persistente, junto con otros indicios (conocimiento del teléfono y domicilio, admisiones previas del acusado, etc.).

El Tribunal Supremo, en su STS n.º 730/2025, de 17 de septiembre, ECLI:ES:TS:2025:3892, a partir de los hechos descritos, recuerda que el delito de child grooming exige: contacto mediante tecnologías de la información (redes sociales, mensajería...); menor de 16 años que envía imágenes o material de contenido sexual; y que ese envío sea consecuencia de engaño o embaucamiento del adulto (por ejemplo, ocultar su verdadera edad para ganarse su confianza).

Así pues, el tipo no exige que haya acoso, amenazas ni violencia, ni tampoco que se conserven técnicamente las conversaciones o las imágenes. La realidad de los contactos del envío de material sexual puede acreditarse por cualquier medio de prueba válido, sobre todo por la declaración de la menor si reúne los criterios jurisprudenciales de credibilidad (ausencia de móviles espurios, coherencia, persistencia) y está apoyada por datos periféricos (pantallazos, comunicaciones con el padre...).

En consecuencia, **la falta de rastro digital íntegro no impide por sí sola la condena por** *child grooming;* **lo decisivo es que exista un conjunto probatorio suficiente y racionalmente valorado que desvirtúe la presunción de inocencia.**

2. ¿Puede haber delito de *child grooming* **si un adulto busca una «relación sentimental» secreta con un menor por WhatsApp e Instagram?**

Un hombre de 39 años mantiene durante varias semanas contacto por WhatsApp e Instagram con un menor de 15 años, familiar lejano. Le manda mensajes continuos, le llama «cariño», «mi vida», le dice que le quiere, que «nadie sabrá lo nuestro», que el amor no entiende de edad ni de género y que lo suyo será algo oculto entre ellos. Le propone quedar a solas, invitarlo a actividades, que duerma en su alojamiento, pide abrazos y besos para hacer las paces y le dice que no le pide «hacer el amor ya», pero que hay que ir «rompiendo el hielo» y ser más cariñosos a solas. El menor afirma que entendía que se hablaba de una «relación sentimental», no de sexo, y no llega a haber actos sexuales consumados ni peticiones de fotos.

La sentencia del Tribunal Supremo n.º 297/2024, de 3 de abril, ECLI:ES:TS:2024:1924, considera que el delito de ciberacoso sexual a menores de dieciséis años se configura como un delito de peligro y de consumación anticipada, es decir, se sanciona la fase de captación y preparación del abuso sexual, no solo el abuso consumado. Además, son elementos del tipo:

- Contacto con menor de 16 años por medios tecnológicos (WhatsApp e Instagram).

- Adulto que propone encuentros y realiza actos materiales de acercamiento (quedarse a solas, ofrecerle dormir en su alojamiento, regalos, invitaciones...).

- Finalidad sexual, deducida aunque no se hable de sexo de forma explícita (mensajes sobre «romper el hielo», mostrarse amor con abrazos y besos a solas, amor que no entiende de edad...).

Así pues, el TS destaca que **los mensajes eran insistentes, controladores, culpabilizadores y construían una relación sentimental desequilibrada, con clara proyección sexual futura. Además, aclara que la sexualidad no exige expresiones soeces y que el consentimiento del menor es irrelevante** por ser menos de 16 años y la exención del artículo 183 bis del CP no se aplica por existir una gran diferencia de edad.

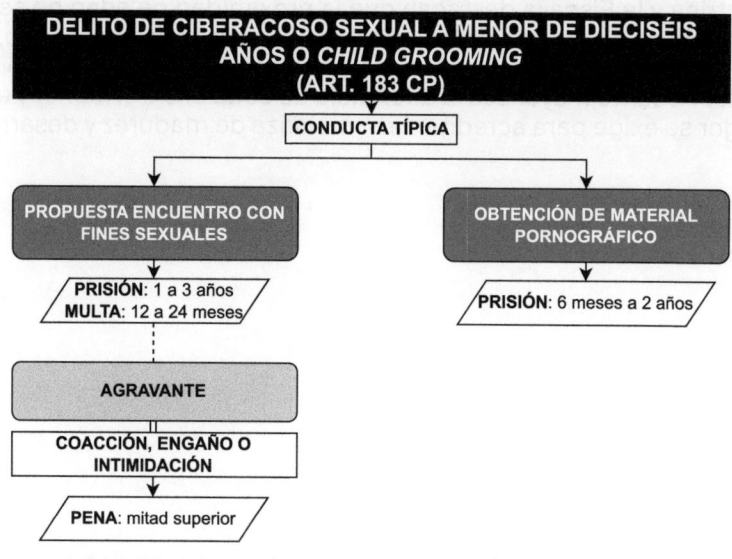

DELITO DE CIBERACOSO SEXUAL A MENOR DE DIECISÉIS AÑOS O *CHILD GROOMING* (ART. 183 CP)

CONDUCTA TÍPICA

PROPUESTA ENCUENTRO CON FINES SEXUALES

OBTENCIÓN DE MATERIAL PORNOGRÁFICO

PRISIÓN: 1 a 3 años
MULTA: 12 a 24 meses

PRISIÓN: 6 meses a 2 años

AGRAVANTE

COACCIÓN, ENGAÑO O INTIMIDACIÓN

PENA: mitad superior

Exención de la responsabilidad penal por delitos de agresión sexual a menor de dieciséis años

El artículo 183 bis del Código Penal establece que el **consentimiento del menor** de dieciséis años puede excluir la responsabilidad penal, siempre que el **autor sea una persona próxima al menor en edad y en grado de desarrollo o madurez física y psicológica similar**, **salvo** que concurran **circunstancias agravantes** previstas en el apartado 2 del artículo 178 del CP, es decir, si concurre violencia o intimidación, abuso de situación de superioridad o de vulnerabilidad, víctima privada de sentido y/o víctima con voluntad anulada por cualquier causa.

> **A TENER EN CUENTA**. Este precepto surge de la LO 1/2015, de 30 de marzo, que adaptó nuestro Código Penal a la Directiva 2011/93/UE sobre la protección de los menores frente a abusos sexuales, explotación y pornografía infantil. Una de las novedades más relevantes fue elevar la edad de consentimiento sexual a 16 años, alineando la legislación española con la media europea y reforzando la protección de los menores frente a delitos sexuales, incluso en ausencia de violencia o intimidación.

Así pues, se establece una **presunción *iuris tantum* de incapacidad de los menores de 16 años para consentir relaciones sexuales**, pero permite enervarla si se cumple el criterio de **proximidad tanto cronológico como en desarrollo o madurez** entre menor y autor. Esto busca evitar que se sancionen penalmente relaciones consentidas entre adolescentes o jóvenes con edad y grados de madurez similares, donde no existe un abuso real de poder o ventaja sobre la víctima.

La doctrina y la Fiscalía destacan que la proximidad de edad no se traduce en un número fijo de años, sino que debe evaluarse caso por caso, considerando **factores biopsicosociales**, madurez emocional y desarrollo físico y psicológico. Cuanto mayor sea la diferencia de edad entre el menor y el autor, mayor rigor se exige para acreditar la semejanza de madurez y desarrollo.

3.
DELITO DE ACOSO SEXUAL

Delito de acoso sexual

Dentro de la categoría de ilícitos contra la libertad sexual —título VIII del libro II del Código Penal—, el capítulo III. *«Del acoso sexual»* regula este delito en su precepto único: el art. 184 del CP. En su virtud, se castigará a quien, solicite favores sexuales en el seno de una relación —continuada o habitual— de carácter laboral, docente, de prestación de servicios o análoga, si la situación objetiva provocada en la víctima es gravemente intimidatoria, hostil o humillante.

Para poder subsumir unos hechos concretos en el art. 184 del CP, deberán concurrir los elementos —objetivo y subjetivo— del delito de acoso sexual, en los términos que derivan del siguiente análisis.

‖ Tipo objetivo

Sólo se entenderá cometido el ilícito objeto de acoso sexual cuando, además del elemento subjetivo o intencional, se verifique:

- Que la conducta de acoso sexual encaja en la tipificada en el art. 184 del CP,
- que autor y víctima cumplen las características que exige la norma, y
- que el bien jurídico menoscabado es el que protege el precepto.

‖ Conducta típica en el delito de acoso sexual

Según el apartado 1 del art. 184 del CP, regulador del tipo básico de acoso sexual, la **acción típica** consiste en solicitar favores sexuales, para el autor o para un tercero, solo bajo las siguientes circunstancias:

- Relación —continuada o habitual— de carácter laboral, docente, de prestación de servicios o análoga. Por tanto:
  - » Los hechos ocurridos durante interacciones puntuales se excluyen este tipo delictivo, que exige una relación continuada en el tiempo entre víctima y victimario.

» Para la aplicación del tipo básico no es necesaria una relación de jerarquía, dependencia o subordinación, pudiendo darse, por ejemplo, entre compañeros de trabajo o entre profesional y cliente.

- Situación objetiva y gravemente intimidatoria, hostil o humillante para la víctima, como resultado de la solicitud de favores sexuales. Se trata, en definitiva, de un delito de resultado, debiendo existir un nexo causal entre la acción y el resultado.

Al interpretar la conducta típica, sentencias como la **STS n.º 721/2015, de 22 de octubre, ECLI:ES:TS:2015:4705**, indican que «(...) *Esta Sala Casacional ha declarado que tal requisito queda cumplido "cuando media petición de trato o acción de contenido sexual que se presente seria e inequívoca, cualquiera que sea el medio de expresión utilizado", de tal modo que dicha conducta resulta indeseada, irrazonable y ofensiva para quien la sufre*». La misma sentencia destaca que para la **consumación** del delito de acoso sexual, no es preciso que se llegue a perpetrar una agresión sexual, sino que «*basta con la mera solicitud*» de favores sexuales orientada a ofender a la víctima.

Por tanto, esta solicitud de favores sexuales puede analizarse desde una doble perspectiva, formal y material:

- Formalmente, la demanda puede ser

  » Explícita (petición clara y directa).

  » Implícita. En este último caso, la jurisprudencia exige la petición sea «*seria e inequívoca*», de forma que su contenido sexual pueda comprenderse objetivamente: «*En efecto, basta con la mera solicitud, la cual podrá realizarse de forma explícita o implícita, pero en todo caso deberá revelarse de manera inequívoca*». En consecuencia, no constituyen solicitudes sexuales implícitas:

    ◆ Los comentarios vagos, ambivalentes o bromas de dudoso sentido (que podrán ser reprochables disciplinariamente o civiles, pero no siempre penales), ni

    ◆ las conductas que no puedan interpretarse de modo claro como proposición sexual.

- Deberán solicitarse tratos o acciones de contenido sexual que, materialmente, sean:

  » Indeseados.

  » Irracionales o irrazonables en el contexto.

  » Objetivamente ofensivos para la víctima, debiendo existir un adecuado nexo causal entre la solicitud y la ofensa.

CUESTIÓN

Atendiendo a su consumación, ¿cuál es la diferencia entre acoso sexual y agresión sexual?

El delito de acoso sexual se consuma en el momento en que se solicitan favores de naturaleza sexual no deseados, que atenten contra la dignidad de la víctima y generen un entorno intimidatorio, hostil, degradante, humillante u ofensivo. Estas peticiones pueden ser verbales o no verbales, y no requieren contacto físico ni violencia. Por tanto, la mera solicitud sexual consuma el delito del art. 184 del CP cuando esta reúne las características que exige dicho precepto.

Por otro lado, el delito de agresión sexual se consuma cuando se atenta contra la libertad sexual de otra persona mediante actos de naturaleza sexual no consentidos, que impliquen contacto físico y que se realicen con violencia o intimidación. Según la jurisprudencia, cualquier acción que implique un contacto corporal inconsentido con significación sexual constituye un ataque a la libertad sexual y consuma el delito del art. 178 del CP.

En suma, se puede concluir que el delito de acoso sexual no requiere contacto físico ni violencia, mientras que el delito de agresión sexual sí exige contacto físico y el uso de violencia o intimidación. Además, el acoso sexual se centra en la creación de un entorno hostil o degradante, mientras que la agresión sexual implica una vulneración directa de la libertad sexual mediante actos físicos de naturaleza sexual.

‖ Marco penológico del delito de acoso sexual

En función de la gravedad de los hechos, el reproche punitivo de la conducta de acoso sexual será más o menos severo. Así lo ha tenido en cuenta el legislador, al establecer un tipo básico en el apartado 1 del art. 184 del CP, y una serie de subtipos agravados en los apartados subsiguientes.

‖ La pena correspondiente al tipo básico consiste en:

- Prisión de 6 a 12 meses o multa de 10 a 15 meses.
- Inhabilitación especial para el ejercicio de la profesión, oficio o actividad de 12 a 15 meses.

CUESTIÓN

¿Cuándo se impone pone de prisión y cuándo pena de multa?

Si bien la determinación de la pena depende del arbitrio del tribunal, la decisión debe estar motivada, y basada en las circunstancias del hecho concreto (deben tenerse en cuenta las circunstancias personales del penado y la mayor o menor gravedad del hecho, no la gravedad del delito en sí, ya que esta ya ha sido tenido en cuenta por el legislador). En este sentido podemos citar la **sentencia de la Audiencia Provincial de Madrid, n.° 443/2023, de 2 de octubre, ECLI:ES:APM:2023:14856**, que recuerda:

«(...) Por ello, y considerando que el legislador, al establecer el marco penal abstracto, ya ha valorado la naturaleza del bien jurídico afectado y la forma básica del ataque al mismo, la mayor o menor gravedad del hecho dependerá:

En primer lugar, de la intensidad del dolo, -y si es directo, indirecto o eventual- o, en su caso, del grado de negligencia imputable al sujeto.

En segundo lugar, la mayor o menor gravedad del hecho dependerá de las circunstancias concurrentes en el mismo, que, sin llegar a cumplir con los requisitos necesarios para su apreciación como circunstancias atenuantes o agravantes, ya genéricas, ya específicas, modifiquen el desvalor de la acción o el desvalor del resultado de la conducta típica.

En tercer lugar, habrá que atender a la mayor o menor culpabilidad -o responsabilidad- del sujeto, deducida del grado de comprensión de la ilicitud de su compor-

tamiento (conocimiento de la antijuricidad del grado de culpabilidad y de la mayor o menor exigibilidad de otra conducta distinta.

Y, en cuarto lugar, habrá que tener en cuenta la mayor o menor gravedad del mal causado y la conducta del reo posterior a la realización del delito, en orden a su colaboración procesal y su actitud hacia la víctima y hacia la reparación del daño, que no afectan a la culpabilidad, por ser posteriores al hecho, sino a la punibilidad.

Se trata, en definitiva, de un ejercicio de discrecionalidad reglada, que debe ser fundamentadamente explicado en la propia resolución judicial y controlable en casación, incluso por la vía del art. 849.1 LECrim . para la infracción de Ley».

Las penas asociadas a los subtipos agravados de acoso sexual se regulan en los apartados 2 a 4 del art. 184 del CP. Estas son:

- **Prisión de 1 a 2 años, e inhabilitación especial para el ejercicio de la profesión, oficio o actividad de 18 a 24 meses**, cuando el autor cometiera el hecho:
  » Prevaliéndose de una situación de superioridad laboral, docente o jerárquica.
  » Sobre una persona sujeta a su guarda o custodia.
  » Con el anuncio de causar a la víctima un mal relacionado con las legítimas expectativas que pudiese tener en el ámbito de la relación.
  » En alguno de los siguientes lugares (art. 184.3 del CP):
    ◆ Centros de protección menores
    ◆ Centros de internamiento de personas extranjeras.
    ◆ Cualquier otro centro de detención, custodia o acogida permanente o temporal, sin perjuicio de lo establecido en el art. 443.2 del CP.

> **A TENER EN CUENTA**. El injusto tipificado en el art. 443.2 del CP, que pertenece al conjunto de delitos contra la Administración pública, castiga con prisión de 1 a 4 años e inhabilitación absoluta entre 6 y 12 años el acoso sexual perpetrado por funcionarios contra personas sujetas a su guarda en centros de detención, o custodia.

- **Pena en su mitad superior**, cuando la víctima se encuentre en una situación de especial vulnerabilidad por razón de su edad, enfermedad o discapacidad (art. 184.4 del CP).

CUESTIÓN

Si un profesor que acosa sexualmente a su alumna es funcionario público, ¿en qué tipo penal se subsumen los hechos?

En el tipo especial del art. 443 del CP, en virtud del principio de especialidad del art. 8.1.ª del CP.

Así lo dispone la **STS n.º 354/2019, de 10 de julio, ECLI:ES:TS:2019:2349**, en un caso de concurso de normas entre los arts. 184.2 y 443 del CP. Esta sentencia rechaza el argumento del recurrente, para quien la coexistencia de profesores funcionarios y no funcionarios en la Universidad pública impediría aplicar diferentes tipos penales ante los mismos hechos, ya que esto vulneraría el principio de igualdad de todos los ciudadanos ante la ley. Con base en lo anterior, el acusado instó su enjuiciamiento por el artículo 184.2 del CP, que contempla una pena menos severa.

- El art. 443 CP es el precepto especial, por la exigencia de que el autor sea funcionario y la víctima tenga una pretensión pendiente de su decisión.

- El art. 184.2 CP queda desplazado como precepto general.

La respuesta del Supremo es que el legislador puede perfectamente establecer una protección reforzada cuando el autor sea funcionario, ya que el bien jurídico protegido en tal caso no se limita a la libertad sexual de la víctima, sino que se extiende a la correcta función pública. La Sala confirma que existe concurso de normas, porque el mismo hecho encaja en los dos tipos penales, y lo resuelve aplicando el **criterio de especialidad** del art. 8.1 del CP. Como resultado, el fallo mantiene la condena al profesor por el delito del art. 443 del CP, y descarta aplicar el art. 184.2 del CP, quedando desestimado el motivo de casación que alegaba la incorrecta elección del tipo.

|| Supuesto especial: pena aplicable a persona jurídica responsable

Del apartado 5 del art. 184 del CP se infiere que una persona jurídica puede ser responsable penal —ex art. 31 bis del CP— del delito de acoso sexual. Las penas serán las siguientes:

- Multa de 6 meses a 2 años.
- Penas recogidas en las letras b) a g) del artículo 33.7 del CP:
  - » Disolución de la persona jurídica.
  - » Suspensión de sus actividades por un plazo no superior a 5 años.
  - » Clausura de sus locales y establecimientos por un plazo no superior a 5 años.
  - » Prohibición —temporal (no superior a 5 años) o definitiva— de realizar en el futuro las actividades en cuyo ejercicio se haya cometido, favorecido o encubierto el delito.
  - » Inhabilitación, por un plazo no superior a 15 años, para:
    - ◆ Obtener subvenciones y ayudas públicas.
    - ◆ Contratar con el sector público.
    - ◆ Gozar de beneficios e incentivos fiscales o de la Seguridad Social.
  - » Intervención judicial para salvaguardar los derechos de los trabajadores o de los acreedores por el tiempo que se estime necesario, con un límite de 5 años.

|| Sujetos intervinientes en el delito de acoso sexual

La ley indica quién puede ser autor (sujeto activo) o víctima (sujeto pasivo) de un delito de acoso sexual.

Sujeto activo: puede cometer este injusto la persona física o jurídica que se halle en los ámbitos relacionales que indica el art. 184 del CP.

- Para cometer el tipo básico del 184.1 del CP no se exige cualidad especial alguna.

- Para cometer el subtipo agravado, el 184.2 del CP exige ostentar determinadas posiciones de dominio:

  » Superior laboral, docente o jerárquico,

  » guardador o custodio, o

  » quien anuncie causar un mal vinculado a las expectativas en el ámbito de estas relaciones.

Sujeto pasivo: es víctima de acoso sexual la persona física destinataria de las solicitudes de favores sexuales en los contextos que define el artículo (laboral, docente, de prestación de servicios o análogo respecto del autor). Por tanto, el sujeto pasivo será trabajador/a, alumno/a, usuario/a de servicios, persona interna en centros de menores, CIE o centros de detención o acogida, etc.

A TENER EN CUENTA. Tal y como se dispone en el art. 191 del CP, para proceder por los delitos de acoso sexual es necesario denuncia de la persona agraviada, de su representante legal o querella del Ministerio Fiscal, que actuará ponderando los legítimos intereses en presencia. Si la víctima es menor de edad, persona con discapacidad necesitada de especial protección o una persona desvalida, bastará la denuncia del Ministerio Fiscal.

CUESTIÓN

¿El perdón del ofendido extingue la acción penal?

No, en estos casos el art. 191 del CP dispone que el perdón del ofendido, o del representante legal, no extingue la acción penal ni la responsabilidad criminal.

|| Tipo subjetivo

El elemento subjetivo del tipo penal de acoso sexual exige la concurrencia de **dolo** por parte del autor. Esto excluye la comisión imprudente, e implica que el sujeto activo deberá actuar con voluntad y conocimiento de la trascendencia de sus actos y de su capacidad para generar un entorno intimidatorio, hostil, degradante, humillante u ofensivo para la víctima.

4.
DELITO DE *STEALTHING*

«Stealthing» como delito contra la libertad sexual

La conducta conocida como *stealthing* consiste en **prescindir del preservativo en contra de la voluntad de la pareja o en retirarlo subrepticiamente durante la relación sexual**.

Aunque esta figura no se recoge específicamente en nuestro Código Penal, debe entenderse constitutiva de un delito de agresión sexual a la luz de la doctrina del Tribunal Supremo fijada en la **STS n.º 603/2024, de 14 de junio, ECLI:ES:TS:2024:3418**.

‖ Punto de partida: ¿cuándo un engaño anula el consentimiento sexual?

Tal como aclara la sentencia, salvo previsión legal expresa, el consentimiento viciado por engaño no convierte automáticamente la relación en una agresión sexual: solo se entenderá que hay ausencia de consentimiento a efectos de los arts. 178 y ss. del CP —y, por tanto, agresión sexual— cuando el engaño suponga que el acto efectivamente realizado sea sexualmente distinto del consentido *(aliud)*. En definitiva, el consentimiento otorgado para una determinada práctica no es válido para otra sustancialmente distinta.

A TENER EN CUENTA. El término aliud en el contexto del consentimiento sexual se refiere a una relación sexual distinta a la pactada, es decir, a un acto inconsentido y punible.

CUESTIONES

1. Silvia consiente en mantener relaciones sexuales con Ernesto solo si consisten en penetración vaginal. En medio del coito, Ernesto penetra analmente a Silvia sin consentimiento. ¿Existe agresión sexual?

Sí. En este caso, el consentimiento de Silvia se limitaba a la penetración vaginal, por lo que el acto finalmente realizado es sexualmente distinto (aliud) del que Silvia consintió. En consecuencia, puede apreciarse ausencia de consentimiento a efectos de los arts. 178 y ss. CP, y, por tanto, un delito de agresión sexual, ya que el engaño recae sobre un elemento que transforma el tipo de acto sexual.

> **2. Diego quiere mantener relaciones sexuales con Lorena, y para lograr su consentimiento le miente sobre su estado civil. Bajo el engaño de que Diego está soltero, Lorena acepta. ¿Existe agresión sexual?**
>
> No. Diego no ha mentido sobre algo que altere la naturaleza del acto sexual. Aunque medie engaño y el consentimiento esté éticamente viciado, no puede considerarse que exista automáticamente una agresión sexual, pues no existe aliud: el acto realizado es el que se consintió.

‖ «Stealthing»: delito de agresión sexual por engaño esencial

El anterior razonamiento es extrapolado por la Sala a los supuestos de *stealthing*: «*(...) ¿podemos decir que si omite el uso de preservativo está realizando un acto esencialmente diverso no consentido? La respuesta es afirmativa*». Seguidamente, y a título ilustrativo, la sentencia equipara los efectos del *stealthing* a los de otras situaciones de *aliud* no consentido, como «*Una penetración anal o bucal cuando solo se consintió la vaginal, atentan a la libertad sexual. No estaban cubiertas por el consentimiento. Se detecta nítidamente en esos casos una diferencia sustancial (...)*». Por tanto, del *stealthing* cabe predicar que **sí implica** un engaño orientado al *aliud*, es decir, a la alteración de la naturaleza de las relaciones inicialmente consentidas, constituyendo, en consecuencia, **un delito de agresión sexual**.

> **CUESTIÓN**
>
> **Miriam acepta mantener relaciones sexuales con Gerardo bajo la condición de usar un preservativo. En medio del acto, Gerardo se lo quita sin que Miriam lo sepa, y continúa la relación sexual. ¿Puede ser condenado por agresión sexual?**
>
> Sí. En este caso, el consentimiento de Miriam se refería s un acto sexual con preservativo, pero lo que realmente ocurrió fue un acto sexual sin preservativo. En este caso decir, el acto realizado es sexualmente distinto al consentido por Miriam (aliud), por lo que cabría apreciar ausencia de consentimiento a efectos de los arts. 178 y ss. CP.

‖ ¿En qué modalidad de agresión sexual encaja el *stealthing*?

Sentado todo lo anterior, cabe determinar en qué artículo se subsume la agresión sexual por *stealthing*: ¿en el art. 178 o en el art. 179.1 del CP? La respuesta radica en la interpretación del acceso carnal existente como consentido o no consentido.

En el caso de autos, el Supremo declaró no haber lugar a la aplicación del tipo agravado por acceso carnal (art. 179.1 del CP actual) aplicado por la audiencia provincial, ya que dicha modalidad castiga «*(...) una penetración, por cualquiera de las vías establecidas, no consentida, no aceptada, rechazada*». Para la Sala, esto no es predicable del supuesto de *stealthing*, donde **la penetración sí es consentida, aunque no lo sea el contacto directo con el miembro viril**: «*El acceso no desborda el consentimiento otorgado. La ausencia de consentimiento puede predicarse del contacto directo de los órganos genitales, pero no del acceso vaginal*».

En consecuencia, se estima más proporcionado reconducir los hechos a una **agresión sexual sin penetración** del art. 178.1 del CP, con la posibilidad, en su caso, de aplicar la atenuante del art. 178.4 del CP. Según la sentencia *«Estaríamos ante un tipo de abuso sexual sin penetración en tanto ésta había sido consentida, aunque de otra manera. Ese cambio solo en la forma, en un aspecto no cubierto por el consentimiento, no podría equipararse a la falta de consentimiento para la penetración».*

Voto particular sobre la idoneidad del tipo agravado por penetración del art. 179.1 del CP

Aunque la calificación genérica del *stealthing* como un delito contra la libertad sexual es unánime, la sentencia contiene el voto particular de cinco magistrados que discrepan de su subsunción en el tipo básico de agresión sexual del art. 178 del CP. Para estos, la valoración material del desvalor que hace la sentencia es menor de la que cabría apreciar.

Según el voto particulares, el acceso carnal que se produjo fue no consentido en los términos acordados: la víctima aceptó mantener relaciones con penetración de una determinada manera que incluía el uso de preservativo como **condición esencial**. La antijuridicidad no radica, por tanto, en que se haya excedido un detalle pactado, sino en el atentado contra la libertad sexual en su núcleo, pues el acto producido no es aquel para el que se prestó consentimiento. En consecuencia, según los magistrados discrepantes, la conducta se debería haber encuadrado en el tipo agravado por penetración no consentida, que:

- Antes de la LO 10/2022, de 6 de septiembre, se recogía en el art. 181.4 del CP como abuso sexual con acceso carnal o introducción de miembros u objetos), y
- tras la reforma, se halla en el art. 179 del CP como agresión sexual con acceso carnal.

Los votos particulares critican la interpretación del engaño que hace la sentencia, en la que la mayoría distingue entre:

- Supuestos en los que el engaño solo vicia la motivación (engaños sobre estado civil, riqueza, sentimientos, fertilidad, etc.):
  » Los arts. 178 y ss. del CP solo exigen consentimiento básico, y no consentimiento plenamente informado.
  » El engaño, en sí mismo, no transforma la relación en agresión sexual.
- Supuestos en los que el engaño afecta al núcleo del consentimiento.

La sentencia considera que el engaño presente en el *stealthing* pertenece al primer grupo, sin embargo, los votos particulares defienden que el engaño sí es relevante y puede colmar la tipicidad del delito de agresión sexual.

En términos dogmáticos, los votos particulares defienden una concepción de consentimiento sexual informado y específico respecto del modo esencial de la práctica sexual. Por tanto, cuando ese modo esencial se falsea mediante engaño —prometer uso de preservativo y no usarlo—, el consentimiento se considera inexistente respecto del acto efectivamente realizado, lo que permite subsumir la conducta en el tipo agravado por penetración del art. 179.1 del CP.

Así pues, los magistrados discrepantes consideran que la mayoría minimiza indebidamente el alcance del atentado a la libertad sexual: donde la mayoría ve un abuso con exceso en la forma de un acto globalmente consentido, el voto particular ve una verdadera penetración inconsentida obtenida mediante engaño sobre un elemento esencial (el preservativo), que debe tratarse como agresión con penetración

Antecedentes jurisprudenciales respecto al delito de «stealthing»

En sus distintos pronunciamientos, previos a la **STS n.º 603/2024, de 14 de junio, ECLI:ES:TS:2024:3418**, nuestros tribunales han otorgado distintas calificaciones jurídicas a los actos de *stealthing*. Mientras algunas sentencias no consideraron procedente agravar la pena en virtud del acceso carnal no consentido, otras sí tuvieron en cuenta esta circunstancia.

Una de las primeras sentencias en la materia fue la del **Juzgado de Instrucción n.º 2 de Salamanca, n.º 155/2019, de 15 de abril, ECLI:ES:JI:2019:1**, que definió la conducta de *stealthing* como el «*comportamiento que adopta un hombre al quitarse el preservativo de forma no consensuada, sin que su pareja sexual se dé cuenta durante la relación sexual*». En aplicación de la legislación anterior a la reforma operada por la LO 10/2022, de 6 de septiembre, esta resolución calificó los hechos como constitutivos de un delito de abuso sexual del antiguo art. 181 del CP. La sentencia razona que, aunque hubo penetración, no se produjo con violencia ni intimidación, por lo que **no puede apreciarse, en los términos de la antigua regulación, la existencia de agresión sexual ni violación**.

También al amparo de la legislación previa a la reforma operada en el CP por la LO 10/2022, de 6 de septiembre, la **SAP de Sevilla n.º 375/2020, de 29 de octubre, ECLI:ES:APSE:2019:1459**, (perteneciente al mismo procedimiento que STS n.º 603/2024, de 14 de junio), calificó los hechos como constitutivos de un delito de abuso sexual, pero esta vez **con la agravante de acceso carnal**. La Audiencia declaró que no parece acertado «*(...) calificar los hechos como abuso sexual sin acceso carnal, pues así como, por ejemplo, parece obvio que el consentimiento para la penetración vaginal no permite presumir consentida también la penetración anal (o que el consentimiento prestado para mantener contacto sexual con una persona de un grupo no es extensivo a otros presentes), estimamos que el prestado para el acceso carnal con una muy específica condición cual es el uso de preservativo, no permite presumir que, retirando tal medio la penetración sigue, no obstante, siendo consentida*». Esta sentencia fue confirmada por la **STSJ de Andalucía n.º 186/2021, de 1 de julio, ECLI:ES:TSJAND:2021:12396**.

A su vez, la **SAP de Madrid n.º 27/2024, de 12 de enero, ECLI:ES:APM:2024:1**, cita la mencionada **STSJ de Andalucía n.º 186/2021, de 1 de julio**, para calificar jurídicamente el acto de *stealthing* como un delito **abuso sexual agravado por acceso carnal** del antiguo art. 181.1 del CP en relación con su apartado 4: «*(...) Constituye un atentado a la libertad sexual de la otra persona partícipe en la relación en cuanto ésta no ha consentido cualquier suerte, forma o con-*

diciones de contacto sexual, sino que ha impuesto como límite o condición el uso de protección mediante preservativo. Por tanto, si la persona que según ese acuerdo ha de llevar profiláctico durante la relación prescinde del mismo subrepticiamente, en todo o parte del acto sexual, está desoyendo una condición impuesta por la pareja como complemento -esencial y no meramente accesorio o secundario- de su consentimiento, es decir, está manteniendo una relación no consentida que, así, atenta contra la libertad sexual y ha de ser sancionada conforme al art. 181 apartado 1 que aquí se aplica, incluyendo el apartado 4 en caso de acceso carnal por alguna de las vías previstas en el mismo, ya que, como es sabido y recuerda acertadamente la sentencia apelada, el consentimiento para una concreta actividad sexual no puede extenderse unilateralmente por el otro partícipe a otros tipos de contactos no consentidos».

A TENER EN CUENTA. Las sentencias dictadas aplican el CP en su versión anterior a la reforma introducida por la LO 10/2022, de 6 de septiembre, con entrada en vigor el 07/10/2022. En virtud de esta ley orgánica, el delito de abuso sexual deja de estar tipificado en el Código Penal, y todo acto que atente contra la libertad sexual de otra persona sin su consentimiento pasa a considerarse agresión sexual.

5.
DELITO DE EXHIBICIONISMO

Delito de exhibicionismo: análisis de sus elementos típicos

El delito de exhibicionismo se regula en el art. 185 del Código Penal (CP), dentro de los delitos contra la libertad e indemnidad sexuales. Tras la reforma operada por la LO 10/2022, de 6 de septiembre, se mantiene inalterado su tenor literal, por lo que la doctrina jurisprudencial previa sigue siendo plenamente aplicable, si bien ha de integrarse en el nuevo sistema unitario de agresiones sexuales.

Dispone el precepto:

> «El que ejecutare o hiciere ejecutar a otra persona actos de exhibición obscena ante menores de edad o personas con discapacidad necesitadas de especial protección, será castigado con la pena de prisión de seis meses a un año o multa de 12 a 24 meses».

Se trata de un **delito de mera actividad,** que se consuma con la realización del acto de exhibición obscena en presencia del sujeto protegido, sin exigir resultado de lesión psíquica ni una concreta perturbación de la víctima. Basta la idoneidad del comportamiento para afectar negativamente a su proceso de socialización y desarrollo afectivo-sexual.

|| Tipo objetivo

El tipo objetivo del delito de exhibicionismo comprende los elementos materiales que configuran el ilícito penal, es decir, la descripción de la conducta punible y las circunstancias objetivas exigidas por la norma.

|| Conducta típica en el delito de exhibicionismo

El núcleo del tipo reside en ejecutar o hacer ejecutar a otra persona actos de **exhibición obscena** ante los sujetos especialmente protegidos. La jurisprudencia del Tribunal Supremo ha definido la obscenidad como aquella conducta de **claro contenido sexual, de carácter manifiesto y objetivamente apta para lesionar o poner en riesgo la indemnidad sexual del menor,** con independencia de la concreta reacción del mismo.

La casuística abarca, entre otros supuestos:

- Exhibición de los órganos genitales, con o sin masturbación, en presencia del menor o persona con discapacidad necesitada de especial protección.
- Desnudos totales o parciales que centran la atención en las zonas genitales o en la actividad sexual del acusado.
- Actos de autoestimulación sexual en videollamadas u otros medios de comunicación cuando el menor presencia en tiempo real la conducta.

A estos últimos efectos, la doctrina viene admitiendo que el concepto «ante» no se limita al espacio físico compartido; también abarca la **contemplación mediata** a través de *internet*, teléfono o tecnologías de la información cuando existe **interacción sincrónica** (p. ej., videollamadas) en la que el menor presencia en directo el acto de exhibición obscena.

La **STS n.º 88/2025, de 5 de febrero, ECLI:ES:TS:2025:494**, reitera la idoneidad de conductas como el envío de vídeos masturbándose y fotografías de los órganos genitales a una menor de 12 años, así como la masturbación del acusado durante videollamada, para integrar el delito del art. 185 CP como acto de exhibición obscena, siempre que tales hechos no queden absorbidos por otro delito sexual más grave en concurso de normas.

‖ Sujetos y objeto material del delito

Sujeto activo. Es un delito **común**: puede ser autor cualquier persona que realice directamente la exhibición obscena o que **haga ejecutar a otra** dichos actos (autoría mediata o coautoría). La referencia a *«hiciere ejecutar»* cubre supuestos en los que el agente instrumentaliza a un tercero —incluido otro menor— para que se exhiba obscenamente ante la víctima.

Sujeto pasivo. Se limita a:

- **Menores de edad** (cualquier menor de 18 años, con independencia de su madurez concreta).
- **Personas con discapacidad necesitadas de especial protección**, en el sentido del apartado 2 del art. 25 del CP, esto es, aquellas que requieran de asistencia o apoyo para el ejercicio de su capacidad jurídica y para la toma de decisiones respecto de su persona, de sus derechos o intereses a causa de sus deficiencias intelectuales o mentales de carácter permanente.

Queda excluido el resto de las personas, respecto de las cuales estos comportamientos podrán, en su caso, subsumirse en otros tipos (p. ej., coacciones, delitos contra la integridad moral o agresiones sexuales).

En cuanto al objeto material del delito de exhibicionismo, este es el menor de edad o la persona con discapacidad necesitada de especial protección ante quien se realizan los actos de exhibición obscena. Es la persona sobre la cual recae directamente la acción sexualizada, constituyendo un tipo de menor intensidad lesiva que la provocación sexual.

|| Bien jurídico protegido en el delito de exhibicionismo

El bien jurídico no es ya la «honestidad» ni la «decencia pública», sino la **indemnidad sexual de los menores y personas con discapacidad necesitadas de especial protección**, entendida como el derecho a **no ser expuestos a estímulos sexuales intrusivos** incompatibles con su libre y sano desarrollo de la personalidad.

La jurisprudencia vincula este bien jurídico con la protección reforzada que dispensa el CP a los menores de 16 años y a las personas con discapacidad en el conjunto de los delitos sexuales (título VIII CP). El art. 185 del CP penaliza, por tanto, la **interferencia temprana** de adultos en la esfera sexual de sujetos particularmente vulnerables, incluso aunque no exista contacto físico ni se acredite daño psíquico.

A tenor de lo establecido en la **STS n.º 968/2009, de 21 de octubre, ECLI:ES:TS:2009:6405**, *«El bien jurídico protegido no es otro que el derecho del menor a no sufrir injerencias no deseadas en una esfera de la intimidad tan exclusiva de su persona, a no verse por tanto, inmersa en una acción o escena sin su consentimiento, con posible perjuicio en su indemnidad sexual y en el ejercicio futuro de su libertad en este aspecto de su intimidad».*

La jurisprudencia —entre otras, la **STS n.º 88/2025, de 5 de febrero, ECLI:ES:TS:2025:494**, — ha considerado típicos supuestos como los que siguen:

- Masturbación del acusado en presencia física del menor, tras mostrarle sus genitales.
- Envío de vídeos propios masturbándose y fotografías de sus órganos genitales a una menor a través de redes sociales o mensajería, siempre que exista visualización efectiva por esta.
- Masturbación del acusado durante una videollamada en la que la menor presencia en directo la escena, colgando la llamada tras percatarse de la conducta.

|| Tipo subjetivo del exhibicionismo

El tipo del art. 185 del CP exige **dolo**, esto es, conocimiento y voluntad de ejecutar actos de exhibición obscena ante menores o personas con discapacidad necesitadas de especial protección. El dolo puede ser:

- **Directo**: cuando el autor actúa con la finalidad de provocar o satisfacer su excitación sexual o de impactar sexualmente al menor.
- **Eventual**: cuando, aun no buscando de forma directa el resultado de exposición, el sujeto se representa como probable que el menor o la persona con discapacidad contemple sus actos de contenido sexual y, pese a ello, actúa o continúa actuando.

Tal como señala el Alto Tribunal en **STS n.º 968/2009, de 21 de octubre, ECLI:ES:TS:2009:6405**, *«En el tipo del art. 185 no es exigible un dolo específico de involucrar al menor en su contexto sexual, basta simplemente que se realice esa conducta a su vista».* Por tanto, no es exigible un **ánimo libidi-**

noso específico ni la intención de iniciar un contacto sexual ulterior; basta con que el agente acepte la exposición sexualmente explícita ante el sujeto protegido.

La presencia de **amenazas, engaños o abuso de superioridad** será relevante, principalmente, a efectos de agravar la responsabilidad si concurren otros delitos sexuales, pero no forma parte de los elementos necesarios del art. 185 del CP.

Relación con otros delitos sexuales

La sistemática del CP y la doctrina del Tribunal Supremo obligan a precisar cuidadosamente la frontera entre el exhibicionismo del art. 185 del CP y otras figuras del título VIII. Cuando el comportamiento se limita a **solicitudes de envío de imágenes pornográficas del menor** o a la exhibición de pornografía ajena, la calificación típica puede desplazarse hacia otros tipos (art. 183.2 del CP —contacto tecnológico con menores— o art. 189 del CP —pornografía infantil—), debiendo analizarse caso por caso si el art. 185 CP tiene autonomía o queda absorbido en concurso de normas.

> **A TENER EN CUENTA**. Tras la LO 10/2022, de 6 de septiembre, el antiguo abuso sexual se ha integrado en la categoría unitaria de agresiones sexuales (art. 178 del CP y ss.), pero la lógica de los concursos permanece.

|| Agresiones sexuales

Las agresiones sexuales (arts. 178 y ss. CP) exigen la realización de **actos que atenten contra la libertad sexual de otra persona, con o sin violencia o intimidación**, pudiendo incluir acceso carnal o cualquier acto sexual de similar significación. El exhibicionismo se diferencia en que:

- No requiere **contacto físico** ni imposición sobre el cuerpo del menor.
- Se consuma con la **mera percepción visual** de los actos obscenos.

Cuando el exhibicionismo se integra como **fase preparatoria o parte de una secuencia agresiva** que culmina en actos típicos de agresión sexual (p. ej., desnudarse delante del menor inmediatamente antes de exigirle tocamientos), lo habitual es que el art. 185 del CP **quede absorbido** en concurso de normas por la agresión sexual, aplicándose el art. 8 del CP (**STS n.º 35/2012, de 1 de febrero, ECLI:ES:TS:2012:1008**).

|| Contacto tecnológico con menores

El art. 183.2 del CP sanciona al que, «*a través de internet, del teléfono o de cualquier otra tecnología de la información y la comunicación contacte con un menor de dieciséis años y realice actos dirigidos a embaucarle para que le facilite material pornográfico o le muestre imágenes pornográficas*». Se trata de un **tipo de peligro**, que tutela la indemnidad sexual frente a prácticas de *grooming* y *sexting* forzado, castigando incluso la fase de embaucamiento aunque el material no llegue a obtenerse.

Cuando el autor consigue que el menor envíe **imágenes pornográficas propias**, los hechos, además de encajar en el art. 183.2 del CP, pueden subsumirse en el art. 189.1.a) y 2.a) del CP (utilización de menores para elaborar material pornográfico). Sobre esta relación, la **STS n.º 88/2025, de 5 de febrero, ECLI:ES:TS:2025:494**, sintetiza la doctrina consolidada en la **STS n.º 777/2022, de 22 de septiembre, ECLI:ES:TS:2022:3318**.

> «(...) la relación entre los arts. 183 ter 2º y 189 del CP es la propia del concurso de normas, de suerte que si a la estrategia inicial de acercamiento siguen actos ejecutivos propios del delito de pornografía infantil, la condena por el art. 189 absorberá el desvalor de las maniobras aproximativas que han permitido ese resultado (art. 8.3 CP)».

En dicha resolución, el Tribunal Supremo afirma que:

- Cuando el agente solo realiza **actos de contacto y embaucamiento** sin lograr la obtención de imágenes, la conducta queda típicamente recogida por el art. 183.2 CP.

- Si el autor **consigue efectivamente** que el menor le remita imágenes o vídeos pornográficos, se entiende que ha **consumado el delito de pornografía infantil** del art. 189 del CP, siendo el art. 183.2 CP una **figura de peligro o de acercamiento** que queda absorbida en aplicación de los criterios de consunción y alternatividad del art. 8.3 y 8.4 CP.

La **STS n.º 88/2025, de 5 de febrero, ECLI:ES:TS:2025:494**, aplica esta doctrina a un supuesto en el que el acusado contacta con una niña de 12 años, le regala un teléfono móvil, la halaga reiteradamente y la amenaza con retirarle el aparato para obtener de ella **fotografías y vídeos de su desnudez y de sus genitales**. El Tribunal declara que:

- Los hechos **encajan sin dificultad** en el art. 183.2 del CP (actual 183.2), al existir contacto digital y embaucamiento para la obtención de material pornográfico.

- No obstante, al haberse obtenido efectivamente dicho material, **resulta de preferente aplicación el art. 189.1.a) y 2.a) CP**, que absorbe el desvalor del embaucamiento, apreciándose **concurso de normas** y condenándose solo por corrupción de menores, además del art. 185 del CP por los actos de exhibicionismo propios del autor.

|| Pornografía infantil

El art. 189 del CP sanciona, entre otras conductas, a quien **capte o utilice a menores** para elaborar material pornográfico, o financie o se lucre con tales actividades, incrementando la pena cuando se utilizan menores de 16 años. El concepto de material pornográfico se interpreta de forma amplia, incluyendo **imágenes de la desnudez o de los genitales del menor en contexto sexualizado**. Según la **STS n.º 88/2025, de 5 de febrero, ECLI:ES:TS:2025:494**:

- Es irrelevante el destino ulterior de las imágenes (difusión, almacenamiento, destrucción inmediata), pues el tipo se consuma con la mera

utilización del menor con fines pornográficos o la producción de material pornográfico.

- No es preciso que concurra fuerza o intimidación para integrar el tipo básico; tales elementos solo resultan relevantes para la agravación del art. 189.3 del CP.

Cuando, junto a la obtención de imágenes pornográficas del menor (art. 189 del CP), el autor además se **exhibe obscenamente ante la víctima** (p. ej., envía vídeos masturbándose o realiza masturbación por videollamada), se plantea la relación entre los arts. 189 y 185 del CP. La doctrina del TS permite diferenciar:

- Supuestos en que el **exhibicionismo es un medio para obtener el material pornográfico** (concurso de normas, pudiendo quedar absorbido), y

- Supuestos en que el **exhibicionismo constituye una conducta autónoma**, sin relación medial estrecha con la obtención del material, ni proximidad espacio-temporal suficiente que permita hablar de unidad de acción. En este último caso procede un **concurso real** de delitos, sumando la pena del art. 185 CP a la del art. 189 del CP.

Precisamente en la citada sentencia, el Tribunal avala la apreciación de un **concurso real entre corrupción de menores (art. 189 del CP) y exhibicionismo (art. 185 del CP)**, destacando que la masturbación del acusado ante la menor por videollamada **no fue empleada como medio para conseguir las imágenes**, sino que añade un plus de desvalor distinto —la imposición al menor de contemplar un comportamiento sexual de otro— que justifica una condena autónoma.

|| Criterios de concurso

De acuerdo con la doctrina consolidada del Tribunal Supremo, pueden darse diversas formas de concurrencia entre el art. 185 del CP y otros tipos del título VIII:

- **Concurso de normas (art. 8 del CP):**
  - » Cuando el exhibicionismo constituye **fase o tramo de una progresión delictiva** que culmina en una agresión sexual consumada sobre la misma víctima y dentro de una misma unidad de acción (p. ej., desnudarse inmediatamente antes de imponerse tocamientos), el art. 185 CP suele quedar absorbido por la agresión sexual.
  - » Cuando los actos de exhibición obscena se integran en el *iter de embaucamiento* orientado a la producción de material pornográfico (art. 183.2 del CP) o a la obtención de imágenes (art. 189 del CP), y ese resultado se consuma, el tipo de exhibicionismo puede quedar consumido por la figura más amplia o compleja, aplicándose el criterio de consunción (art. 8.3 del CP).

- **Concurso real de delitos:**
  - » Cuando existen **episodios diferenciados** en el tiempo y en su dinámica: unos consisten en actos de exhibicionismo (p. ej., vídeos masturbándose remitidos al menor; masturbación en videollama-

da), y otros constituyen delitos de corrupción de menores o contacto tecnológico, sin que pueda hablarse de unidad de acción ni de relación de medio a fin.

» Cuando el exhibicionismo se dirige **contra terceros menores espectadores**, mientras que otros tipos sexuales afectan a la víctima principal (p. ej., agresión sexual contra un menor en presencia de otros menores, que sufren un delito de exhibicionismo autónomo, como reconoce la jurisprudencia en supuestos análogos).

La mencionada **STS 88/2025, de 5 de febrero**, ilustra un supuesto paradigmático: el acusado es condenado por corrupción de menores (art. 189 del CP), por embaucamiento para obtención de material pornográfico (art. 183.2 del CP, absorbido en concurso de normas por el art. 189 del CP) y por exhibicionismo (art. 185 del CP), apreciándose:

- **Concurso de normas** entre art. 183.2 y 189 del CP, al haberse alcanzado el resultado de producción de material pornográfico (prevalece el art. 189 del CP).

- **Concurso real** entre el art. 189 CP y el art. 185 CP, por tratarse de conductas diferenciadas (obtención de imágenes de la menor y posterior exhibición obscena propia) que lesionan bienes jurídicos parcialmente distintos y añaden desvalor no absorbible.

En definitiva, la aplicación conjunta o alternativa del art. 185 del CP con los arts. 183.2 y 189 del CP exige un **análisis cuidadoso del *iter criminis***, de la función de cada conducta en la secuencia global y de los bienes jurídicos efectivamente afectados, utilizando los criterios del art. 8 del CP (especialidad, consunción, subsidiariedad y alternatividad) para evitar duplicidades sancionadoras y respetar el principio de proporcionalidad.

A TENER EN CUENTA. La reforma operada por la LO 10/2022, de 6 de septiembre, de garantía integral de la libertad sexual, no ha alterado el tenor del art. 185 del CP, pero refuerza la necesidad de situar el exhibicionismo en el contexto general de protección de la indemnidad sexual de menores y personas con discapacidad, y de interpretar sus concursos con los arts. 183.2 y 189 CP conforme a la más reciente doctrina del Tribunal Supremo.

6.
DELITO DE PROVOCACIÓN SEXUAL

Provocación sexual y exposición de menores a material pornográfico

El artículo 186 del Código Penal establece el delito de provocación sexual, integrado en el título VIII sobre los delitos contra la libertad sexual. Su finalidad es la de proteger la indemnidad y el desarrollo sexual de los menores de edad y de determinadas personas con discapacidad, evitando su exposición temprana o no consentida a contenidos pornográficos.

Aunque este delito se ubica dentro de los delitos contra la libertad sexual, la jurisprudencia destaca que el bien jurídico protegido primordial es, además de la indemnidad sexual, el normal **proceso de formación sexual** y el desarrollo de su personalidad en ese ámbito (STS n.º 628/2020, de 20 de noviembre, ECLI:ES:TS:2020:4457) de:

- **Menores de edad**, con independencia de su madurez concreta.
- **Personas con discapacidad necesitadas de especial protección** (expresión definida en el artículo 25 del Código Penal).

El legislador parte de la idea de que el contacto prematuro o descontextualizado con la pornografía puede distorsionar la formación de la sexualidad, facilitar la banalización de la sexualidad y la cosificación de las personas y, además, incrementa el riesgo de otras vulneraciones sexuales.

Este tipo penal se trata de un delito de **peligro abstracto**, ya que no es necesario acreditar un perjuicio psicológico concreto, siendo suficiente la realización de la conducta típica dirigida al sujeto pasivo especialmente protegido. Así pues, el bien jurídico puede verse menoscabado solo con la exhibición de material pornográfico, aunque no haya contacto ni acto sexual posterior.

Elementos del tipo penal

El artículo 186 del CP se configura como un **delito común**, siendo posible que lo cometa cualquier persona, no siendo exigible ninguna cualidad específica sobre el sujeto activo. Por otro lado, respecto al **sujeto pasivo**, se protege a menores de edad (personas que no han cumplido los 18 años) y personas con discapacidad necesitadas de especial protección (la jurisprudencia exige la acreditación de tal condición, no siendo suficiente la mera apariencia). No se exige acreditar inmadurez sexual concreta, siendo la edad y la discapacidad un criterio objetivo suficiente.

Respecto a la **conducta típica** del artículo 186 del Código Penal, se aprecian tres verbos nucleares, con carácter alternativo:

- **Vender material pornográfico**. Cualquier acto de transmisión onerosa (venta al por menor, por internet, mediante suscripción, pago por visión...), siendo indiferente que la contraprestación sea dineraria o en especia.

- **Difundir material pornográfico**. Este es un concepto amplio, que hace referencia a quien hace llegar el contenido a terceros, sin necesidad de presencia física, por ejemplo: envío de archivos o enlaces por WhatsApp, redes sociales o correo electrónico; subir contenido a plataformas sabiendo que el destinatario o grupo destinatario son menores o personas con discapacidad protegidas; o compartir contenido desde cuentas accesibles a menores.

- **Exhibir material pornográfico**. Mostrar directamente al menor o a la persona con discapacidad, por ejemplo: proyección de vídeos en presencia del sujeto pasivo; mostrar revistas, fotos o vídeos en un dispositivo; visualizar en su presencia canales para adultos, etc.

Por tanto, no es preciso un contacto físico ni interacción sexual con la víctima, lo punible es la exposición al material.

En todo caso, el elemento esencial es la **interposición consciente del contenido pornográfico** en el campo de percepción del menor o de la persona con discapacidad.

Por último, este tipo penal requiere el elemento subjetivo del **dolo**, esto es, el conocimiento de que se trata de material pornográfico y conocimiento o aceptación consciente de que se está vendiendo, difundiendo o exhibiendo entre menores o personas con discapacidad necesitadas de especial protección. Basta pues con la consciencia de la acción y del público destinatario, no siendo exigible un ánimo libidinoso ni un ánimo de lucro.

> **JURISPRUDENCIA**
>
> **Sentencia del Tribunal Supremo n.º 370/2023, de 18 de mayo, ECLI:ES:TS:2023:2281**
>
> *«En cuanto a los requisitos de este delito, recordando la STS 1553/2020, de 10 de octubre de 2000, decíamos en STS 826/2017, de 14 de diciembre de 2017, que son los siguientes:*
>
> *"a) la difusión, venta o exhibición de material calificable como pornográfico; "difundir equivale a divulgar entre una pluralidad de personas; "vender" a enajenar a cambio de precio u otra contraprestación económica; "exhibir" a mostrar o colocar directamente a la vista del sujeto pasivo el material pornográfico correspondiente.*
>
> *b) la mecánica comisiva permite que tal conducta se realice por cualquier medio directo, lo que supone que el menor debe estar físicamente presente en la conducta de difusión, venta o exhibición, exigiendo desde una perspectiva legal, la confrontación directa entre ambos sujetos.*

c) que los destinatarios de la acción sean menores de edad o personas con discapacidad necesitadas de especial protección.

d) que la conducta sea dolosa o intencional, no exigiéndose, en cambio, un elemento subjetivo del injusto especialmente determinado, como atentar contra la formación o educación de los destinatarios, aunque tal finalidad esté ínsita en el reproche penal que fundamenta tal precepto.

Y el bien jurídico protegido por este delito -comprendido en el capítulo dedicado a los delitos de exhibicionismo y provocación sexual- es la indemnidad o intangibilidad sexual de los menores destinatarios del material pornográfico, esto es una conglomeración de intereses y valores, o sea la preocupación o interés porque los menores tengan un desarrollo de la personalidad libre, sin injerencias extrañas a sus intereses, su desarrollo psicológico y moral sin traumatismos y su bienestar psíquico, esto es el derecho del menor a no sufrir interferencias en el proceso de formación adecuada su personalidad"».

CUESTIONES

1. ¿Qué se entiende por «*material pornográfico*»?

Se considera material pornográfico aquel que, atendiendo a su contenido, contexto y finalidad objetiva, representa actos sexuales explícitos cuya función principal es la excitación sexual, excediendo claramente del mero erotismo socialmente tolerado.

En el ámbito del artículo 186 del CP, este juicio se realiza de forma especialmente estricta cuando los destinatarios son menores de edad, bastando la explicitud sexual del contenido para integrar el tipo, con independencia de que exista valor artístico, consentimiento del menor o ausencia de daños psicológico concreto.

Cabe mencionar el extracto de la sentencia del Tribunal Supremo n.º 331/2022, de 31 de marzo, ECLI:ES:TS:2022:1374, que dice: «*En efecto, la ley no precisa qué debe entenderse por fines exhibicionistas o pornográficos, y, por otro lado, tampoco resulta fácil distinguir en muchos casos entre lo simplemente erótico y lo pornográfico. Según el DRAE, exhibicionismo es la perversión consistente en el impulso a mostrar los órganos genitales; pornografía, obra literaria o artística de carácter obsceno (es decir, impúdico, torpe, ofensivo al pudor); y erotismo, carácter de lo que excita el amor sensual. La doctrina y la jurisprudencia suelen cifrar la* **condición pornográfica** *de una conducta o de un material en los siguientes* **requisitos**:

a) Que el mismo consista o represente obscenidades cuya única finalidad sea excitar el instinto sexual;

b) Que dicha obscenidad exceda claramente el erotismo que tengan por admisibles las convenciones sociales de cada lugar y momento; y,

c) Que, si se trata de una obra, carezca de justificación científica, literaria o artística (STS 796/2007, de 1-10)».

2. ¿Es relevante el consentimiento y la «*madurez sexual*» del menor?

La STS n.º 628/2020, de 20 de noviembre, ECLI:ES:TS:2020:4457 resuelve un caso en el que un adulto contacta por redes sociales y aplicaciones de mensajería con varios menores de entre 14 y 17 años, a los que les envía: fotos de penes erectos, vídeos masturbándose, felaciones y relaciones sexuales completas. Las conversaciones son sexualmente explícitas y, en ocasiones, el adulto ofrece dinero u objetos a cambio de actos sexuales. Los menores ya consumen pornografía, alguno se burla del adulto y lo llama «pederasta», y ninguno refiere un daño psicológico especial. El adulto sostiene que, dada la «madurez sexual» de los menores y la normalización de este tipo de contenidos, su conducta no debería considerarse delito de provocación sexual del artículo 186 del Código Penal.

El Tribunal Supremo confirma que **se comete el delito ya que se suministra material pornográfico a menores, por lo que se pone en riesgo el bien jurídico protegido, sin que sea necesario probar un perjuicio psíquico específico**. Además, resulta irrelevante que los menores consuman ya pornografía, participen en chats o aparenten madurez sexual, ya que el consentimiento o actitud de los menores no excluye la tipicidad.

Así pues, en este caso, el adulto incurre en un delito de exhibicionismo y provocación sexual por el mero hecho de enviar ese material a menores de edad.

3. ¿Cuándo procede apreciar un delito continuado de provocación sexual?

Conforme a la STS n.º 7/2023, de 19 de enero, ECLI:ES:TS:2023:191, procede apreciar un único delito continuado de provocación sexual **cuando todas las conductas forman parte de una misma dinámica de provocación sexual reiterada en el tiempo**.

El supuesto que resuelve la sentencia hace referencia a un entrenador de menores que, durante un año, realiza con una alumna de 11 años las siguientes conductas: le enseña en su móvil vídeos manteniendo relaciones sexuales explícitas con su esposa y vídeos de él masturbándose. Con otra alumna de 13 años mantiene conversaciones diarias por mensajería instantánea, en las que le envía fotos y vídeos suyos desnudo o masturbándose. Así pues, estas conductas son todas actos de provocación sexual frente a la misma víctima (dos delitos, uno por cada víctima) que están conectadas en el tiempo, responden a la misma finalidad lasciva y se incardinan en una relación de continuidad de seducción. Por ello, con cada menor se aprecia un delito continuado de provocación sexual.

Penalidad del delito de provocación sexual

Este precepto penal establece **dos marcos alternativos**: pena de prisión de 6 meses a 1 año o multa de 12 a 24 meses. El juez debe de realizar la **individualización de la pena** atendiendo a: intensidad del dolo, reiteración de los hechos, número de víctimas, edad y especial vulnerabilidad, medios empleados, contexto (comercial, relacional, educativo...), etc.

Concurso con otros delitos sexuales

Este delito puede **coexistir con otros delitos** del título VIII. Algunos ejemplos típicos son los siguientes:

- Concurso con el delito de exhibicionismo (artículo 185 del CP). Por ejemplo, un adulto que, además de mostrar pornografía, realiza actos obscenos en presencia del sujeto pasivo. Se apreciaría concurso real o medial, según los casos.

- Concurso con el delito de agresión sexual a menor de dieciséis años (artículo 181 del CP). Los tribunales suelen sancionar por el hecho principal (agresión sexual) y valorar la provocación como elemento contextual o castigarlo separadamente si reviste autonomía suficiente. Véase la sentencia del Tribunal Supremo n.º 128/2020, de 14 de abril, ECLI:ES:TS:2020:822 a modo de ejemplo.

- Concurso con el delito de pornografía infantil (artículo 189 del CP). Si el material que se vende o exhibe contiene imágenes de menores, se aplicará preferentemente este delito, por ser más grava y específico (principio de especialidad).

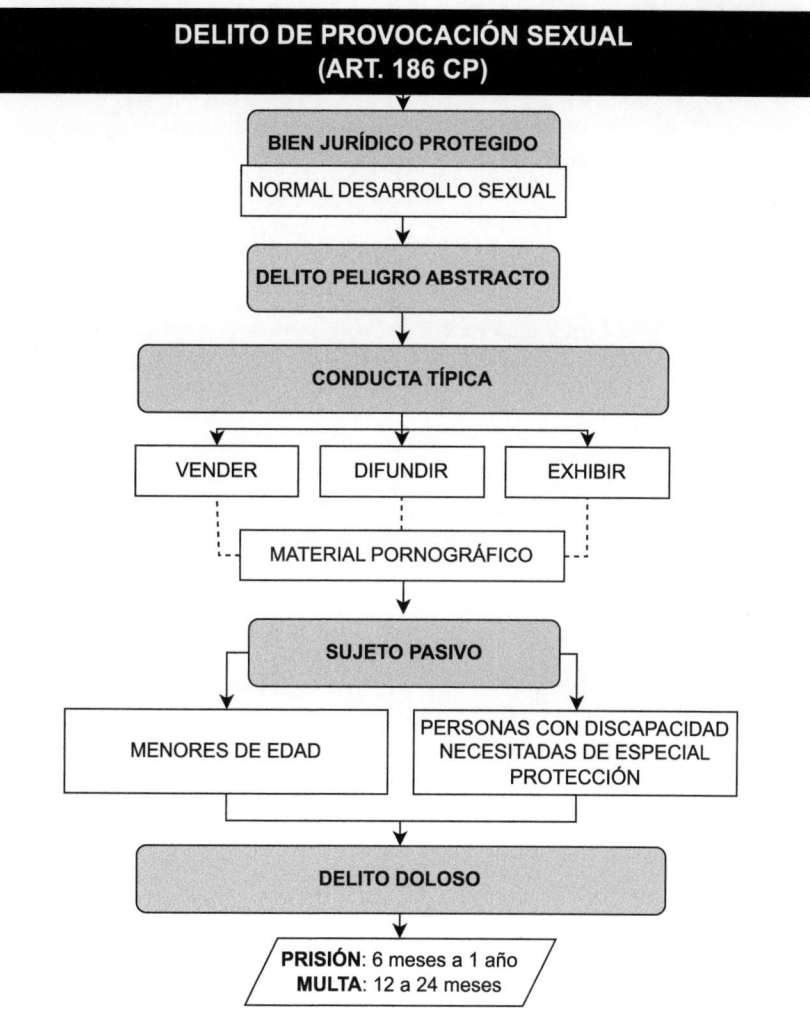

7.
DELITOS DE PROSTITUCIÓN, EXPLOTACIÓN SEXUAL Y CORRUPCIÓN DE MENORES

Los delitos relativos a la prostitución, a la explotación sexual y a la corrupción de menores

El capítulo V del título VIII del Código Penal agrupa un conjunto de figuras delictivas que tienen como finalidad esencial la **protección de la libertad e indemnidad sexual**, la dignidad de la persona y, de forma especialmente reforzada, el desarrollo integral de los menores de edad y de las personas con discapacidad necesitadas de especial protección frente a diversas formas de explotación sexual.

A diferencia de otros delitos sexuales centrados a la lesión directa de la libertad sexual mediante actos de carácter físico, los delitos comprendidos en este capítulo sancionan conductas estructurales o instrumentales de explotación, tales como la **prostitución coactiva** (artículo 187 del Código Penal), el lucro mediante la prostitución ajena, la inducción o facilitación de la prostitución de menores (artículo 188 del Código Penal), la **pornografía infantil** (artículo 189 del Código Penal) y la difusión de contenidos que promueven este tipo de criminalidad (artículo 189 bis del Código Penal). Se trata, en muchos casos, de delitos de peligro, en los que el legislador anticipa la barrera de protección penal para evitar que se consoliden dinámicas de dominación, cosificación o mercantilización sexual del sujeto pasivo.

Especial relevancia adquiere la protección frente a la **corrupción sexual de menores** y la **pornografía infantil** (artículo 189 del Código Penal), configurándose tipos penales amplios que abarcan no solo la producción y distribución del material, sino también su posesión, acceso consciente, financiación, asistencia a espectáculos y la omisión del deber de protección por parte de quienes ostentan funciones parentales o de guarda. La normativa se adapta, además, a las nuevas formas de criminalidad sexual en entornos digitales, imponiendo obligaciones de retirada y bloqueo de contenidos ilícitos.

Finalmente, el capítulo incorpora la **responsabilidad penal de las personas jurídicas** (artículo 189 ter del Código Penal), reflejando la voluntad del legislador de combatir estas conductas cuando se articulan a través de estructuras empresariales, organizaciones o plataforma, reforzando así una respuesta penal integral frente a la explotación sexual.

7.1. El delito de prostitución

Delito de prostitución coactiva y explotación de la prostitución de adultos

El artículo 187 del Código Penal regula las conductas relativas a la **prostitución de personas mayores de edad** cuando concurren elementos de coacción, abuso o explotación. El precepto se inserta en el capítulo V del título VIII del Código Penal, y responde a una concepción claramente abolicionista en relación con la explotación de la prostitución ajena, sancionando no el ejercicio libre de la prostitución (que actualmente es alegal en España), sino aquellas conductas que suponen una instrumentalización de la persona prostituida y una lesión de su libertad y dignidad.

El **bien jurídico protegido** es la **libertad sexual** de la persona, entendida como la capacidad de decidir libremente si ejercer o no la prostitución, así como su **dignidad personal**, que resulta vulnerada cuando se ve sometida a dinámicas de dominación, aprovechamiento o cosificación con fines lucrativos.

A TENER EN CUENTA. La reforma introducida por la Ley Orgánica 1/2015, de 30 de marzo, tuvo como objetivo principal reforzar la persecución penal del lucro derivado de la prostitución ajena, superando las dificultades interpretativas existentes en la jurisprudencia anterior ya que, hasta entonces, el TS había venido exigiendo para apreciar la explotación criterios próximos a los utilizados en el ámbito de las relaciones laborales reglamentadas, lo que hacía muy difícil la aplicación práctica del tipo penal. La reforma opta por una definición más flexible de la explotación, basada en la vulnerabilidad de la víctima y en la imposición de condiciones abusivas, facilitando así la intervención penal.

Determinación coactiva al ejercicio o mantenimiento en la prostitución

El apartado 1 del artículo 187 del Código Penal sanciona a quien determine a una persona mayor de edad a **ejercer o a mantenerse en la prostitución mediante**:

- Violencia.
- Intimidación.
- Engaño.
- Abuso de una situación de superioridad.
- Abuso de necesidad o vulnerabilidad de la víctima.

Se trata de un **delito doloso** que exige una **relación causal** entre la conducta del autor y la decisión de la víctima de iniciar o de continuar el ejercicio de la prostitución. No es necesario que la prostitución se llegue a ejercer de forma efectiva durante un periodo de tiempo prolongado, sino que bastará la determinación inicial o el mantenimiento forzado en dicha situación.

La **pena** prevista para este tipo penal es la de prisión de dos a cinco años y multa de doce a veinticuatro meses.

CUESTIÓN

¿Puede haber delito de prostitución coactiva si las mujeres son adultas y aceptan prostituirse?

Una organización capta a mujeres jóvenes, mayores de edad y extranjeras, con graves problemas económicos. Algunas saben que ejercerán la prostitución en España, otras creen que trabajarán en un spa. Cuando llegan: no tienen papeles, ni trabajo alternativo ni red familiar; viven en burdeles, hacinadas y en malas condiciones; deben estar disponibles 24 horas al día, 7 días a la semana; los encargados fijan precios, normas, controlan sus salidas, su aspecto y hasta «prueban» sexualmente a las nuevas; ellos cobran y se quedan con, al menos, el 50% de cada servicio e imponen una deuda muy superior al coste real del viaje y del alojamiento; y se las presiona para consumir cocaína y a ofrecerla a los clientes. La defensa sostiene que, al ser adultas y haber aceptado prostituirse (al menos algunas), solo existiría un aprovechamiento de prostitución consentida, no prostitución coactiva.

El Tribunal Supremo en su STS n.º 492/2024, de 29 de mayo, ECLI:ES:TS:2024:3296, confirma la **condena por el delito de prostitución coactiva** del apartado 1 del artículo 187 del Código Penal porque el tipo sanciona a quien se lucre explotando la prostitución ajena, aun con consentimiento. El Tribunal destaca que **el consentimiento inicial no es válido** cuando la mujer no tiene una alternativa real y aceptable a someterse (por su situación irregular, sin recursos, con deuda y sin red de apoyo). A mayores, recuerda que este tipo penal no exige un encierro físico ni violencia explícita, sino que basta el abuso de la vulnerabilidad y la imposición de condiciones claramente explotadoras.

|| Explotación de la prostitución ajena con ánimo de lucro

El segundo inciso del apartado 1 del artículo 187 del Código Penal tipifica de forma autónoma la conducta de quien se **lucre explotando la prostitución de otra persona**, incluso aunque esta haya prestado su consentimiento.

El legislador **presume le existencia de explotación** cuando concurren algunas de las siguientes circunstancias:

- La víctima se encuentra en una situación de vulnerabilidad personal o económica.
- Se le imponen condiciones de ejercicio gravosas, desproporcionadas o abusivas.

Este apartado supone una ampliación relevante del ámbito típico, al desvincular la punición de la existencia de violencia o coacción directa y centrarse en situaciones estructurales de desigualdad o aprovechamiento.

La **pena** prevista es la de prisión de dos a cuatro años y multa de doce a veinticuatro meses.

Cabe resaltar que la jurisprudencia ha precisado que la prostitución no constituye un «estado», sino una **actividad concreta**, por lo que basta con que en un episodio determinado el ejercicio de la misma haya sido impuesto coactivamente para integrar el tipo penal. En consecuencia, el delito se consuma tanto cuando se induce por primera vez a la prostitución como cuando se obliga a la víctima a permanecer en ella, con independencia de su historial previo.

Así mismo, el tipo penal no exige necesariamente el uso de violencia física, siendo suficientes formas de **coacción moral, amenazas, engaños o situaciones de abuso estructural** derivadas de la precariedad económica, la irregularidad administrativa, la dependencia o la especial vulnerabilidad personal de la víctima. La jurisprudencia ha determinado que estas circunstancias pueden operar de manera acumulativa y resultar determinantes para doblegar la voluntad de la víctima.

> **CUESTIÓN**
>
> **¿Comete delito de explotación de la prostitución ajena la pareja que vive de los ingresos de quien se prostituye voluntariamente?**
>
> Una mujer ejerce la prostitución voluntariamente antes, durante y después de una relación de pareja. Durante la convivencia ella mantiene la prostitución como principal fuente de ingresos del hogar. El hombre conoce esa actividad y vive a sus expensas, encargándose él y otra mujer del cuidado de su hijo para que la madre pueda «trabajar». No consta que la obligue, intimide o engañe, ni que se le impongan condiciones gravosas, desproporcionadas o abusivas.
>
> La STS n.º 301/2025, de 31 de marzo, ECLI:ES:TS:2025:1558, la cual resuelve este supuesto, considera que **no hay delito de explotación de la prostitución ajena**, ya que la mujer se prostituía antes de la relación y siguió haciéndolo después, no se declara probado que estuvieran en situación de vulnerabilidad en el sentido típico, ni que se le impusieran condiciones abusivas; y lo único acreditado es que el acusado vivía de sus ingresos y que ambos ayudaban con el cuidado del hijo.
>
> Así pues, para el Supremo esta conducta puede ser moralmente reprochable, pero no llena el tipo penal, por falta de las notas de explotación exigidas. Por ello, declara la inexistencia de delito y la libre absolución del acusado.

|| Circunstancias agravantes del delito de prostitución

El apartado 2 del artículo 187 del Código Penal prevé la imposición de las penas anteriores en su **mitad superior** cuando concurra alguna de las siguientes circunstancias:

1. **Prevalimiento** de la condición de **autoridad, agente o funcionario público**, con imposición adicional de **inhabilitación absoluta** de seis a doce años.

2. Pertenencia a una **organización o grupo criminal** dedicada a estas actividades.

3. Puesta en **peligro**, dolosamente o por imprudencia grave, de la **vida o salud de la víctima**.

Estas agravaciones reflejan un mayor reproche penal por el incremento del desvalor de la acción y del riesgo generado para la persona prostituida.

|| Concurso con otros delitos sexuales

Por último, el apartado 3 del artículo 187 del Código Penal establece de manera expresa la compatibilidad de las penas de este precepto con las que correspondan por agresiones sexuales cometidos sobre la persona prostituida. Nos encontraremos, por tanto, ante un supuesto de concurso real de delitos, cuando las conductas de explotación coexisten con ataques directos a la libertad sexual.

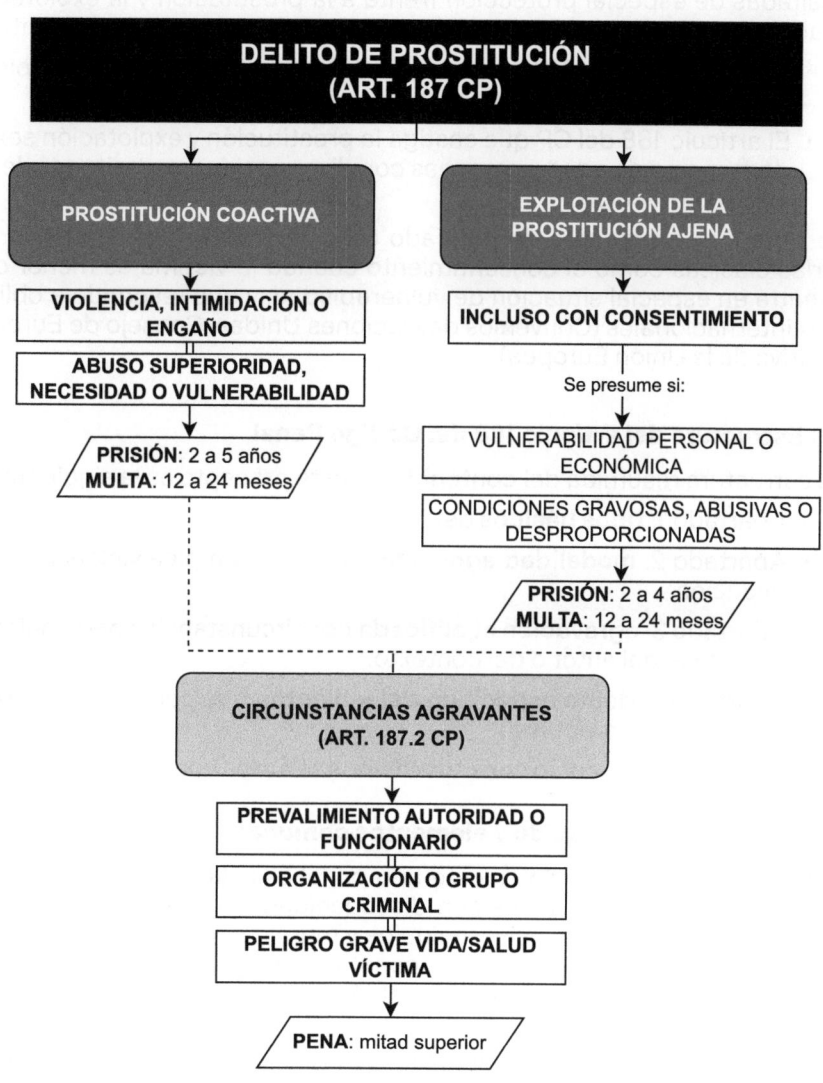

7.2. Delito de prostitución de menores

Prostitución y explotación sexual de menores

El artículo 188 del Código Penal se integra en el título VIII («*Delitos contra la libertad sexual*»), capítulo V («*Delitos relativos a la prostitución y a la explotación sexual y corrupción de menores*»). Este precepto es una norma nuclear en la protección penal de menores de edad y personas con discapacidad necesitadas de especial protección frente a la prostitución y la explotación sexual. Tanto es así que el Código Penal distingue sistemáticamente entre:

- El artículo 187 del CP que castiga el delito de prostitución y explotación de personas adultas.
- El artículo 188 del CP que castiga la prostitución y explotación sexual de menores de edad y personas con discapacidad necesitadas de especial protección.

Se trata de un precepto de marcado carácter **tuitivo**, que desplaza categorías clásicas como el consentimiento cuando la víctima es menor o se encuentra en especial situación de vulnerabilidad, y que responde a obligaciones internacionales (Convenios de Naciones Unidas, Consejo de Europa y normativa de la Unión Europea).

‖ Estructura del artículo 188 del Código Penal

La estructura resumida del **contenido** de este precepto es la siguiente:

- Apartado 1: **tipos básicos** del delito.
- Apartado 2: **modalidad agravada** cuando se emplea violencia o intimidación.
- Apartado 3: **agravación cualificada** por circunstancias personales de la víctima, del autor o del contexto.
- Apartado 4: **delito específico del «cliente»** que paga por relaciones sexuales con la víctima.
- Apartado 5: **concurso con otros delitos** sexuales que puedan concurrir.

‖ Bien jurídico protegido y elementos comunes

El **bien jurídico protegido** en este tipo penal es la **libertad e indemnidad sexual** de menores y personas con discapacidad necesitadas de especial protección, y su integridad física, psíquica y moral, frente a formas de explotación sistemática, mercantilizada o coactiva de la sexualidad. A mayores, respecto a los menores, se protege también el **normal desarrollo de la personalidad y de la sexualidad**.

En relación con los sujetos del delito, se tipifica este tipo como un **delito común**, es decir, que podrá ser cometido por cualquier persona, no obstante, determinadas cualidades (progenitor, tutor, funcionario, organización criminal...) agravan la pena (apartado 3 del artículo 188 del CP). En cambio, sólo serán **sujeto pasivo**:

- Menores de 18 años.
- Personas con discapacidad necesitadas de especial protección (conforme al artículo 25 del Código Penal) cualquiera que sea su edad.

Cabe destacar el **carácter autónomo** de este tipo penal, ya que la víctima no tiene que ejercer la prostitución de forma habitual ni profesional, sino que bastará con que se utilice sexualmente a la víctima con finalidad económica o de explotación.

Por último, tal y como recuerda la STS n.º 850/2022, de 27 de octubre, ECLI:ES:TS:2022:3929: «*La correcta subsunción de los hechos no exige, conforme a la jurisprudencia de esta Sala, que la menor haya llegado a prostituirse. Hemos dicho que "... es un **delito de mera actividad**, de resultado cortado y de tendencias, sin necesidad de que el resultado se produzca efectivamente" (STS 809/20006, 18 de julio)*».

Tipo básico del delito de prostitución de menores

El apartado 1 del artículo 188 del Código Penal sanciona varias conductas, todas referidas a la prostitución de un menor de edad o de una persona con discapacidad. Dichas **conductas típicas** son las siguientes:

1. **Inducir**. Provocar la decisión del menor o persona con discapacidad de iniciarse en la prostitución (primera captación).

2. **Promover**. Impulsar o intensificar una actividad prostitucional ya existente.

3. **Favorecer**. Cualquier acción que facilite condiciones materiales, logísticas o de organización (por ejemplo, procurar clientes, alojar, trasladar, publicitar, etc.).

4. **Facilitar**. Hacer posible o menos dificultosa la prostitución (por ejemplo, cediendo un local para su desarrollo).

5. **Lucrarse**. Obtener beneficio económico derivado de la prostitución del menor o persona con discapacidad, aunque no se haya intervenido en la captación.

6. **Explotar de algún modo para estos fines**. Esta es una cláusula residual que engloba situaciones de subordinación, control o aprovechamiento sistemático de la actividad de prostitución.

El tipo no exige que la prostitución tenga un carácter «profesional», siendo suficiente un aprovechamiento sexual.

Respecto al **tipo subjetivo**, este delito requiere **dolo**, concretado en el conocimiento de la minoría de edad o de la discapacidad de la víctima más la voluntad de realizar alguna de las conductas típicas. La jurisprudencia ha subrayado al respecto que no se exige el conocimiento exacto de la edad, bastando el conocimiento o aceptación del riesgo de que sea menor (**dolo eventual**).

Para este tipo básico, se impone la **pena** de prisión de dos a cinco años y multa de doce a veinticuatro meses. No obstante, si la víctima es **menor de dieciséis años**, se eleva la pena a prisión de cuatro a ocho años.

> **JURISPRUDENCIA**
>
> **Sentencia del Tribunal Supremo n.º 575/2020, de 4 de noviembre, ECLI:ES:TS:2020:3754**
>
> *«El núcleo de la acción delictiva tipificada en el artículo 188.1 del vigente Código Penal, en lo que aquí interesa, consiste, en inducir, promover o facilitar la prostitución de un menor o de una persona con discapacidad. Como ya señaló la STS 1308/2001, de 2 de julio, "(...) el concepto básico, acerca del cual gira esta figura de delito, es el **concepto de prostitución** que, **de una manera más o menos reiterada, por medio de su cuerpo, activa o pasivamente, da placer sexual a otro a cambio de una contraprestación de contenido económico**, generalmente una cantidad de dinero. Quien permite o da acceso carnal, masturbación, felación, etc., a cambio de dinero, de forma más o menos repetida en el tiempo, decimos que ejerce la prostitución, cualquiera que sea la clase del acto de significación sexual que ofrece o tolera. Ahora bien, este concepto de prostitución se contempla en este tipo de delito del art. 187.1 desde una perspectiva de futuro, pues lo que configura el ilícito penal no es la prostitución en actos, sino el hecho de que el comportamiento del sujeto activo del delito constituya una incitación para que el menor o incapaz se inicie (aunque sea en una época posterior) en tal actividad de comercio carnal o se mantenga en la que ya ejerce. Nos hallamos ante un delito en el que lo que importa para su incriminación no es el acto en sí mismo realizado, sino el que pueda servir como vehículo para esa dedicación a la prostitución, para iniciarse en ella, aunque sea después, o para mantenerse en la misma, repetimos. Se trata de un delito de mera actividad o de resultado cortado (Ss. 31.5.82, 18.3.92, 10.9.92, 22.1.97 y 19.597, entre otras muchas). Por eso, lo que hemos de tener en cuenta **para determinar si existe o no este delito es el comportamiento del sujeto activo (del delito) en cuanto suponga una inducción o facilitación que puede servir para una futura prostitución o como obstáculo para un abandono, nunca imposible, de quien ya la ejerce.** Comportamiento que, desde esta perspectiva, ha de tener un doble contenido, pues ha de tratarse de realización de acto o de actos de significación sexual y, además, a cambio de una incitación a la prostitución. Partiendo de este doble contenido luego habrá que ver si, por las circunstancias concretas del caso, puede o no afirmarse la existencia de esta infracción penal (...)».*

Tipo agravado del delito de prostitución de menores

El apartado 2 del artículo 188 establece una **agravación autónoma**, que requiere la concurrencia del tipo básico del delito empleando:

- **Violencia** (física).
- **Intimidación** (amenazas serias que anulen la libertad de decisión de la víctima).

La jurisprudencia exige que la violencia o intimidación sea **funcional a la explotación**, es decir, debe servir para forzar, mantener o asegurar la prostitución o el control de la víctima, no siendo suficiente cualquier episodio violento ajeno al contexto de explotación sexual.

En estos casos, la **pena** se eleva de cuatro a seis años de prisión. En el caso de que la víctima sea **menor de dieciséis** la pena será de cinco a diez años.

Agravantes cualificadas del delito de prostitución de menores

El apartado 3 del artículo 188 del Código Penal prevé un aumento adicional de la pena (**superior en grado**) en los casos en los que concurran circunstancias particularmente graves como:

1. **Especial vulnerabilidad de la víctima** (edad temprana, discapacidad severa, desamparo, etc.).

2. **Abuso de situación de superioridad, parentesco, convivencia o autoridad** (ascendientes, tutores, cuidadores, docentes, etc.).

3. Pertenencia del autor a una **organización o grupo criminal** dedicado a la prostitución o explotación sexual.

4. Comisión de los hechos con **ánimo de lucro especialmente intenso o aprovechamiento sistemático**.

La jurisprudencia suele interpretar de forma restrictiva estas agravantes, exigiendo una especial intensidad del desvalor.

El «cliente» de la prostitución infantil

El apartado 4 del artículo 188 del CP criminaliza al cliente que paga por mantener relaciones sexuales con menores o personas con discapacidad. Las **conductas típicas** son las siguientes:

1. **Solicitar**. Pedir explícitamente la relación sexual a cambio de dinero u otra contraprestación.

2. **Aceptar**. Acceder a la propuesta de la víctima o del integrante de la red de prostitución.

3. **Obtener**. Consumar la relación sexual en sí.

Es requisito indispensable que exista una **contraprestación económica o análoga** (remuneración o promesa), aunque no necesariamente dineraria (regalos, ventajas, etc.).

A mayores, cabe destacar que no es necesario que exista o intervenga un proxeneta, sino que el tipo se integra, aunque el contacto se realice directamente entre cliente y víctima del delito.

La **pena** establecida para este precepto es la de prisión de uno a cuatro años. En el supuesto de que la víctima sea **menor de dieciséis años**, la pena se aumenta de dos a seis años de prisión. A este respecto, la ignorancia inexcusable sobre la edad no exime de responsabilidad y el «consentimiento» de la víctima no excluye ni atenúa la tipicidad, dada la naturaleza del bien jurídico protegido y la posición de vulnerabilidad.

Concurrencia del delito de prostitución de menores con otros delitos

El apartado 5 del artículo 188 del Código Penal aclara que **no hay absorción de delitos**. Si en el contexto de prostitución o explotación sexual se cometen otros delitos como violaciones, agresiones sexuales, corrupción de menores, pornografía infantil, etc., se aplicarán ambos bloque de delitos, siguiendo las reglas del concurso real o del concurso medial, según corresponda.

CUESTIONES

1. ¿Puede considerarse cómplice del delito de prostitución de menores a quien ayuda de forma secundaria en la explotación sexual, sin intervenir en las decisiones principales?

No. Cuando la colaboración es esencial para mantener la prostitución de la menor, la calificación correcta no es la de cómplice, sino la de autor del delito.

La sentencia del Tribunal Supremo n.º 399/2022, de 22 de abril, ECLI:ES:TS:2022:1793, resuelve un supuesto en el que una de las acusadas (A) alega que solo debería responder como cómplice de la explotación sexual de una menor. En el caso, la víctima, menor extranjera, es captada y trasladada por otra acusada (B). Una vez en España, la acusada A la acoge en su domicilio, la viste con ropa sugerente, la lleva a la zona de prostitución, la acompaña en el ejercicio diario de la prostitución, habla con los clientes porque la menor no conoce el idioma, controla sus salidas, recoge el dinero generado y lo entrega a la principal organizadora (B).

El Tribunal rechaza la tesis de la complicidad y confirma su condena como autora del delito de trata en concurso con prostitución coactiva de menor. Razona que la acusada A no realiza una ayuda accesoria o marginal, sino que ejecuta actos integrados en la conducta nuclear de explotación: sin su actuación, el negocio criminal no podría desarrollarse en la práctica.

En un caso análogo, solo cabría hablar de cómplice del delito de prostitución de menores cuando la intervención sea claramente secundaria, prescindible y no forme parte de las funciones de captación, control, acompañamiento o gestión económica de la prostitución de la menor. Cuando esas funciones se asumen de manera estable y consciente, la respuesta típica será la autoría, no la complicidad.

2. ¿Constituye delito ofrecer dinero a menores por encuentros sexuales concertados por redes sociales?

Sí, ofrecer dinero a menores para mantener relaciones sexuales, concertadas y gestionadas a través de aplicaciones de contactos y mensajería, integra el delito relativo a la prostitución de menores, siempre que el autor conozca la minoría de edad.

La sentencia del Tribunal Supremo n.º 416/2024, de 16 de mayo, ECLI:ES:TS:2024:2554, resuelve n supuesto similar en el que un adulto contacta, principalmente a través de la red social GRINDR y posteriormente WhatsApp, con varios varones menores de edad (algunos de ellos menores de 16 años), ofreciéndoles cantidades de dinero (de 20 a 50 euros) a cambio de mantener relaciones sexuales, llegando en algunos casos a consumarse los actos (felaciones y relaciones sexuales completas) y en otros quedando en fase de ofrecimiento.

Los hechos relevantes para la calificación del apartado 4 del artículo 188 del CP son: existencia de menores de edad, contacto deliberado del adulto con menores, ofrecimiento expreso de contraprestación económica a cambio de actos sexuales, conocimiento por el autor de la minoría de edad (pregunta directamente por la edad o se aprecia en datos del perfil) y, en determinados casos, efectiva realización del acto sexual a cambio del dinero ofrecido.

A partir de estos elementos, el TS califica los hechos como delito relativo a la prostitución de menores tanto los supuestos en que el menor llega a realizar los actos sexuales retribuidos como aquellos en lo que, aun sin consumarse el encuentro, existe un ofrecimiento serio y directo de dinero para que el menor se preste a tales actos. El uso de aplicaciones digitales no excluye, sino que canaliza, la conducta típica de promover o favorecer la prostitución de menores mediante remuneración.

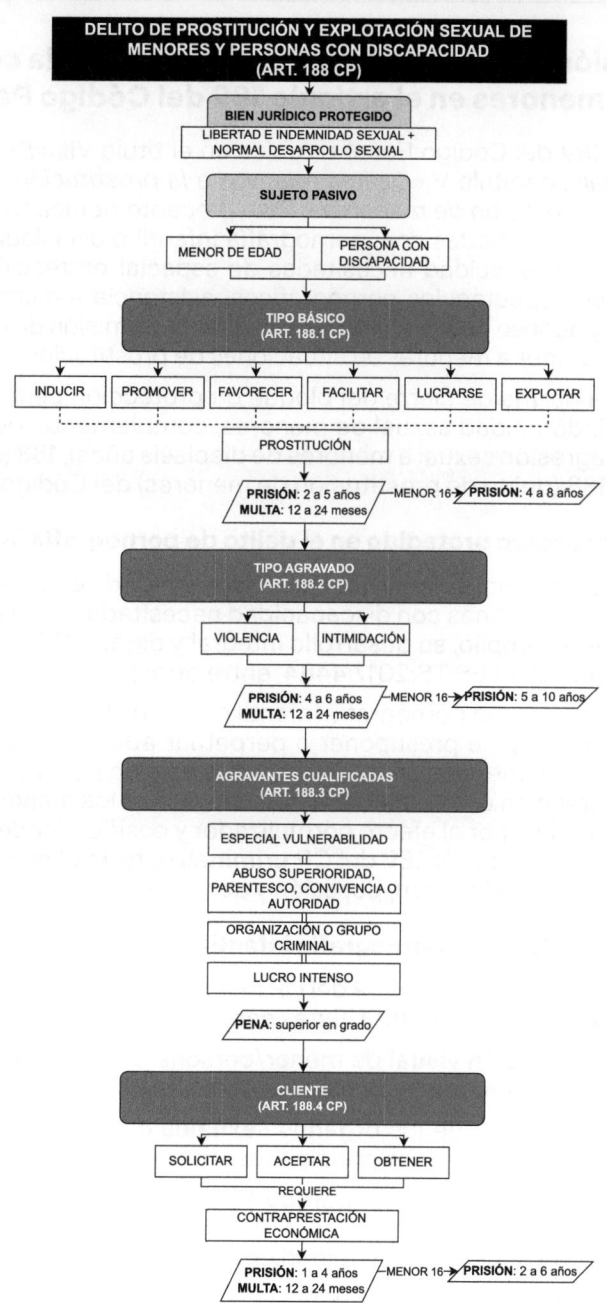

7.3. Delito de captación de menores y pornografía infantil

La represión penal de la pornografía infantil y la corrupción de menores en el artículo 189 del Código Penal

El artículo 189 del Código Penal se ubica en el título VIII «*Delitos contra la libertad sexual*», capítulo V «*Delitos relativos a la prostitución y a la explotación sexual y corrupción de menores*». Este precepto tipifica todo el espectro de conductas relacionadas con: pornografía infantil o asimiladas (menores y personas con discapacidad necesitadas de especial protección), utilización de menores en espectáculos pornográficos, asistencia a dichos espectáculos, posesión y acceso online a pornografía infantil y omisión de los deberes de quien debe proteger a menores en situaciones de prostitución o corrupción.

Esta es una norma de cierre del bloque de protección penal reforzada de la libertad e indemnidad sexual de menores, complementando los artículos 181(delito de agresión sexual a menores de dieciséis años), 183 (delito de *child grooming*) y 188 (delito de prostitución de menores) del Código Penal.

|| El bien jurídico protegido en el delito de pornografía infantil

El bien jurídico principal es la **libertad e indemnidad sexual** de los menores de edad y de las personas con discapacidad necesitadas de especial protección y, en sentido amplio, su desarrollo integral y digno (STS n.º 826/2017, de 14 de diciembre, ECLI:ES:TS:2017:4484, entre otras).

Cabe destacar que la pornografía infantil no es un «producto neutral», sino que su existencia suele presuponer o perpetuar abusos sexuales previos o simultáneos sobre menores. Así pues, no sólo está en peligro la víctima concreta que aparece en el material, sino también todos los menores considerados como colectivo, por el efecto normalizador y cosificador de la sexualidad infantil. Por ello, el artículo 189 del CP **criminaliza todo el ciclo**: producción, difusión, comercio, exhibición, posesión y consumo.

|| Concepto legal de pornografía infantil

El apartado 1 b) del artículo 189 del CP incluye cuatro categorías en las que se apreciará **pornografía infantil**. Estas son:

1. **Representación visual** de menor/persona con discapacidad en **conducta sexualmente explícita** real o simulada.
2. Representación de los **órganos sexuales** de un menor/persona con discapacidad con fines principalmente sexuales.
3. Representación de quien **parece ser menor** realizando conducta sexualmente explícita, o de sus órganos sexuales, con fines sexuales, salvo prueba de que en realidad era mayor de edad.
4. **Imágenes realistas** de menores en conductas sexualmente explícitas o de sus órganos sexuales.

No se exige necesariamente un acto sexual completo, sino que bastará con la aptitud para excitar sexualmente explotando la imagen del menor/persona con discapacidad.

Cabe resaltar, además, la diferencia establecida entre la pornografía infantil y lo **meramente erótico**. A este respecto, establece la STS n.º 240/2020, de 26 de mayo, ECLI:ES:TS:2020:1319, que lo meramente erótico comprende manifestaciones de sexualidad o desnudez que pueden tener un componente sexual, pero no alcanzan el grado de obscenidad o grave impudencia, no buscan de forma tan directa la excitación sexual del espectador y pueden estar integradas en contextos artísticos, culturales o estéticos, donde la sexualidad no se representa de forma grosera, degradante o explotadora. En el ámbito de menores, prácticamente toda representación con intención de excitar sexualmente suele entrar en la categoría de pornografía infantil, porque implica utilizar al menor como objeto sexual.

JURISPRUDENCIA

Sentencia del Tribunal Supremo n.º 686/2023, de 21 de septiembre, ECLI:ES:TS:2023:3726

«Hemos dicho que las conductas recogidas en ambos párrafos del art. 189 -a) y b)- son conductas autónomas, no resulta infrecuente que, como en el caso de autos, la realización de lo dispuesto en la letra b, sea subsiguiente a la perpetración del delito de utilización de menores para la elaboración de pornografía infantil. Es este un delito de acción y mera actividad que, respecto de la utilización de menores para la elaboración del material pornográfico, comporta su instrumentalización a la hora de obtener productos de creación que desborden los límites de lo ético, de lo erótico y de lo estético, con finalidad de provocación sexual, constituyendo por tanto imágenes obscenas o situaciones impúdicas, todo ello de acuerdo con la realidad social (SSTS 739/2008, de 12 de noviembre o 105/2009, de 30 de enero, entre muchas otras). 2.4. Los hechos declarados probados imputados al acusado Baldomero, son susceptibles de integrar la conducta del artículo 189.1.b), puesto que se declara probado que parte del material que así se obtuvo se compartió, así se razona ésta por la Sala en la página 389 de la sentencia donde se afirma que respecto de la publicación de algunas de las imágenes pornográficas elaboradas por el propio acusado Sr. Baldomero, en los dominios de la empresa DIRECCION041 "entendemos que carece de autonomía penal propia, quedando englobada dicha conducta en el delito de captación y utilización de menores de edad para la elaboración del material pornográfico del artículo 189.1.a) y posterior distribución del artículo 189.1.b)...". De ahí que, consecuentemente, no se impongan al penado dos penas diferentes, una para el delito del apartado a) y otra para el del apartado b), sino una sola, aunque de diferente duración según los casos, al ser más grave la establecida en aquellos en que se aprecia la continuidad como ocurre con la víctima 19».

CUESTIONES

1. ¿Las imágenes creadas con inteligencia artificial (IA) pueden considerarse pornografía infantil?

Sí. Si la imagen generada por IA representa de forma realista a un menor (o a alguien que parece menor) en contexto sexual explícito, se califica como pornografía infantil, con las mismas consecuencias penales que si proviniera de un menor real (SAP de Valladolid n.º 140/2025, de 9 de junio, ECLI:ES:APVA:2025:845).

Así pues, no se exige que la imagen provenga de un menor fotografiado o filmado, sino que se aceptan las imágenes realistas generadas por IA con contenido sexual explícito, ya que esto encaja en la definición amplia del apartado 1 del artículo 189 del CP.

Así lo expresa la SAP de Sevilla n.º 475/2024, de 5 de diciembre, ECLI:ES:APSE:2024:2776: «*En el actual precepto artículo 189, 1 del Código Penal inspirado en la mencionada Directiva europea y en la jurisprudencia, en el segundo apartado, se considera pornografía infantil referido a los menores y a personas con discapacidad necesitadas de especial protección, describe cuatro acciones: todo material que represente de manera visual a un menor en una conducta sexualmente explícita, real o simulada (como pudiera ser la elaborada con Inteligencia Artificial); (...)*».

2. ¿Son los simples desnudos considerados pornografía infantil?

Conforme a la jurisprudencia del Tribunal Supremo (STS n.º 8/2024, de 11 de enero, ECLI:ES:TS:2024:113), la cual resuelve un supuesto en el que un progenitor realiza numerosas fotografías a sus hijos menores desnudos en su casa, se entiende que no es pornografía infantil ya que sería **necesario que concurran elementos objetivos de contenido o finalidad sexual** en la captación de la imagen.

Conductas típicas del delito de pornografía infantil y sus principales penas

Se castiga con la **pena** de 1 a 5 años las siguientes conductas:

- **Producción y utilización de menores**. El apartado 1 a) del artículo 189 del CP penaliza conductas consistentes en:

  » Captar o utilizar menores o personas con discapacidad con fines o en espectáculos exhibicionistas o pornográficos, públicos o privados y/o para elaborar cualquier clase de material pornográfico, cualquiera que sea su soporte.

  » Financiar estas actividades o lucrarse con ellas.

  > **A TENER EN CUENTA**. Conforme a lo establecido en el apartado 3 del artículo 189 del CP, si estas conductas se realizan con violencia o intimidación se impondrá la pena superior en grado.

- **Producción, distribución, difusión, comercio y posesión para tales fines**. El apartado 1 b) del artículo 189 del CP penaliza estas conductas. Cabe destacar que no se acepta la idea de un «consumo privado», ya que la posesión con finalidad de distribución se considera delictiva (STSJ de Valencia n.º 88/2025, de 25 de marzo, ECLI:ES:TSJCV:2025:2493) y se ha considerado como difusión la puesta a disposición en redes P2P, foros cerrados o canales de mensajería, aunque el círculo sea reducido (STS n.º 959/2023, de 21 de diciembre, ECLI:ES:TS:2023:6007).

Respecto al **elemento subjetivo**, la jurisprudencia ha evolucionado hacia una mayor exigencia probatoria del **dolo**. No puede presumirse el conocimiento de la difusión por el mero uso de programas informáticos de intercambio de archivos, siendo necesario acreditar, al menos, **dolo eventual**, a partir de indicios como el volumen de archivos compartidos, su localización en el sistema, el número de accesos por terceros, las huellas digitales dejadas en el equipo y el nivel de conocimiento informático del autor. Este criterio fue consolidado por el Pleno no jurisdiccional de la Sala Segunda de 27 de octubre de 2009 y reiterado en sentencias posteriores como la STS n.º 240/2020, de 26 de mayo, ECLI:ES:TS:2020:1319.

CUESTIONES

1. ¿Constituye delito la difusión de desnudos frontales de adolescentes en una *web* de contenido sexual, aunque exista contrato y se alegue «finalidad artística»?

Sí. La difusión de imágenes de menores desnudos con exposición de la vulva o pubis en una web de contenido sexual constituye pornografía infantil, aunque exista contrato y se invoque un propósito artístico, porque la ley atiende al contenido objetivo y a la finalidad sexual predominante.

La sentencia del Tribunal Supremo n.º 128/2023, de 27 de febrero, ECLI:ES:TS:2023:658, resuelve un supuesto similar en el que un fotógrafo profesional realizaba sesiones con chicas adolescentes (entre 15 y 17 años), obteniendo desnudos integrales y primeros planos de vulvas y pubis, que luego conservaba y difundía en sus páginas web de contenido sexual, accesibles previo pago. En varios casos existían contratos de cesión de derechos de imagen firmados por las jóvenes (y en ocasiones por sus progenitores) y el acusado alegaba carácter artístico de las fotos y error sobre la licitud.

El Supremo considera que hay pornografía infantil cuando se representa visiblemente a un menor desnudo con exposición de sus órganos sexuales con fines primordialmente sexuales, con independencia de que la menor parezca físicamente madura, de la existencia de contratos o de que el autor invoque valor artístico. Subraya que el bien jurídico protegido es la indemnidad sexual y el desarrollo sexual del menor, por lo que el consentimiento del menor o de sus padres es irrelevante para excluir el tipo.

Así pues, la difusión en webs pornográficas y el contexto de explotación económica permiten inferir la finalidad sexual y descartar la mera alegación de «arte» o «moda» neutralice la tipicidad. Además, la posesión de ese material para su difusión también integra el delito, aunque alguna parte no llegara efectivamente a publicarse.

2. ¿Es relevante el consentimiento del menor?

El consentimiento es irrelevante. Aunque el menor consienta grabar y difundir imágenes sexuales explícitas con él, constituye delito de pornografía infantil. Así lo establece la STS n.º 416/2024, de 16 de mayo, ECLI:ES:TS:2024:2554, la cual resuelve un supuesto en el que un adulto mantiene múltiples encuentros sexuales con un menor de 15 años, a quien graba en varios vídeos mientras mantienen relaciones sexuales (penetración anal y felaciones recíprocas). Posteriormente envía varios de esos vídeos, a través de WhatsApp, a contactos de su agenda telefónica. Además, en su teléfono se localiza abundante material pornográfico con varones de «clara minoría de edad».

El Supremo expresa que el consentimiento del menor carece de eficacia para excluir la tipicidad. El bien jurídico protegido es la indemnidad sexual y la dignidad sexual del menor, de protección reforzada, y la mera creación de ese material ya es punible, independientemente de que exista o no contraprestación económica o que el menor acceda voluntariamente.

Agravaciones por especial gravedad del delito de pornografía infantil

En los supuestos en los que concurra alguna de las siguientes circunstancias, la **pena** de prisión se eleva de 5 a 9 años.

1. Víctima **menor de 16 años**.

2. Hechos con carácter **particularmente degradante o vejatorio**, con violencia física o sexual o escenas de violencia física o sexual. El TS

ha aclarado que no basta con la degradación inherente a toda pornografía infantil, sino que es necesario justificar de forma expresa una especial cualificación del daño, atendiendo al contenido concreto del material y a la naturaleza aberrante de las prácticas presentadas (STS n.º 132/2020, de 5 de mayo, ECLI:ES:TS:2020:818).

3. Víctimas en situación de **especial vulnerabilidad** (discapacidad grave, enfermedad...).

4. **Peligro grave** para la vida o salud de la víctima.

5. Material de **notoria importancia** (volumen cuantitativo).

6. Pertenencia a una **organización o asociación** dedicadas a estas actividades.

7. **Relación** de ascendiente, tutor, curador, guardador, maestro, conviviente o abuso de confianza o autoridad.

8. **Reincidencia**.

Delitos relativos a los consumidores de pornografía infantil

- Delito por asistencia a espectáculos con menores. El apartado 4 del artículo 189 del Código Penal penaliza a quien asiste a sabiendas a espectáculos exhibicionistas o pornográficos con participación de menores o personas con discapacidad con la pena de 6 meses a 2 años de prisión. No será necesario que el autor intervenga activamente, sino que será suficiente el mero hecho de presenciar sabiendo que constituye delito.

- Delito por posesión y acceso para consumo propio. El apartado 5 del artículo 189 del Código Penal sanciona la mera posesión para uso propio con la pena de 3 meses a 1 año de prisión o multa de 6 a 24 meses. Igualmente se sanciona el acceso (descarga, visionado en streaming, almacenamiento en la nube, etc.) a sabiendas a estos contenidos por medio de TICs.

Delito por incumplimiento del deber de impedir la prostitución o corrupción

En estos supuestos será **sujeto activo** quien ostente la potestad, tutela, guarda o acogimiento sobre un menor o persona con discapacidad y realice la **conducta** de: conocer el estado de prostitución o corrupción del menor/persona con discapacidad y no haga lo posible para impedir la continuación de tal estado o no acuda a la autoridad competente si carece de medios para custodiar al menor. La **pena** establecida es de prisión de 3 a 6 meses o multa de 6 a 12 meses.

Es este pues un **delito de omisión propia**, que exige un deber jurídico reforzado de protección (**posición de garante**).

Medidas tecnológicas: retirada y bloqueo

El apartado 8 del artículo 189 del CP otorga al juez importantes facultades frente a contenidos online, pudiendo:

- Ordenar la **retirada** de páginas o aplicaciones que contengan o difundan pornografía infantil.
- **Bloquear** el acceso a *webs* o servicios cuando radiquen en el extranjero.

7.4. Delito de difusión de contenidos que fomentan delitos sexuales

Internet y delitos sexuales: el alcance del artículo 189 bis del Código Penal

El artículo 189 bis del Código Penal tipifica una figura específica vinculada a los delitos sexuales y su difusión digital. Este precepto se integra en el título VIII («*Delitos contra la libertad sexual*»), capítulo V («*De los delitos relativos a la prostitución y a la explotación sexual y corrupción de menores*»).

El precepto no sanciona directamente el delito sexual en sí, sino la difusión de contenidos cuya finalidad es promover o incitar a cometerlos.

|| Bien jurídico protegido y finalidad de la norma

El **bien jurídico protegido** en este caso es doble: por un lado, se protege la **libertad e indemnidad sexual** (especialmente de menores y personas vulnerables) y, por otro lado, la **seguridad sexual en el entorno digital**, evitando la creación de un clima de normalización, fomento o captación hacia conductas sexualmente delictivas.

La **finalidad** político-criminal es no sólo castigar a quien comete o intenta el delito sexual, sino también a quien usa Internet u otras tecnologías para promover que otros lo cometan, incluso cuando aún no se ha ejecutado ningún hecho concreto.

Conducta típica del delito de difusión de contenidos que fomentan delitos sexuales

La **acción típica** de este tipo penal consiste en:

- **Distribución**. Hacer llegar efectivamente el contenido a terceros (por ejemplo, reenvíos, publicación en foros, canales, listas de difusión...).
- **Difundir públicamente**. Poner a disposición de una pluralidad indeterminada o fácilmente determinable de personas (redes sociales abiertas, *webs*, *blogs*, canales públicos de mensajería...).

Se exige un *plus* **de publicidad**, es decir, no será suficiente el envío aislado estrictamente privado, sino que se buscará un cierto alcance social o, al menos, acceso para un grupo amplio o no restringido.

Así pues, este precepto se adapta a la realidad tecnológica, incluyendo como **medios** de comisión:

- **Internet**: *webs*, redes sociales, *streaming*, foros, *blogs*, plataformas de vídeo, etc.
- **Teléfono**: SMS, MMS, aplicaciones de mensajería (siempre que el uso sea difusivo y no estrictamente privado), etc.
- Cualquier **otra tecnología de la información o comunicación**: *apps*, servicios de mensajería masiva, servicios VoIP, etc.

Es irrelevante el dispositivo; puede ser un ordenador, un *smartphone*, una *tablet*, una consola... lo decisivo es el **uso del canal tecnológico**.

Objeto del delito de difusión de contenidos que fomentan delitos sexuales

Por otro lado, el **objeto del delito** son los «*contenidos específicamente destinados a promover, fomentar o incitar*» delitos sexuales. Así pues, no se castiga cualquier contenido sexual, ni siquiera cualquier contenido vinculado a delitos sexuales. El artículo exige:

- **Contenido específico**. Su diseño, mensaje o estructura debe evidenciar que su finalidad es promover, fomentar o incitar a la comisión de delitos sexuales concretos (delitos de prostitución, explotación sexual, corrupción de menores, agresiones sexuales a menores de dieciséis años, exhibicionismo y provocación sexual).
- **Función incitadora**. El contenido debe ir más allá de la mera información o representación, sino que ha de estimular, normalizar, justificar o recomendar la comisión del delito.

A modo de ejemplo, encajarían en este tipo penal las siguientes conductas: manuales o guías que explican cómo captar menores, cómo ganarse su confianza para obtener material sexual o concertar acuerdos; foros, vídeos o *podcasts* que justifiquen o enaltecen la agresión sexual a menores o la explotación sexual, presentándola como conducta aceptable o deseable y llamando a practicarla; listas de consejos prácticos para producir, distribuir o consumir pornografía infantil o para eludir la detección policial.

Así pues, quedarían extramuros de tipo penal, en principio: materiales meramente descriptivos o informativos, como artículos periodísticos o académicos que analizan estos delitos sin promoverlos u obras de ficción o expresiones artísticas que no sobrepasen el umbral hacia la incitación directa o funcional a la comisión del delito.

A TENER EN CUENTA. El contenido ha de promover, fomentar o incitar exclusivamente a alguno de los delitos de:

- Capítulo II del CP (del artículo 181 del CP al artículo 183 bis del CP): agresión sexual a menor de 16 años (violación a menor de 16 años, provocación sexual, *child grooming*...).

- Capítulo VI (del artículo 185 del CP al artículo 186 del CP): exhibicionismo y provocación sexual.
- Capítulo V (del artículo 187 del CP al artículo 189 del CP): prostitución, explotación sexual y corrupción de menores.

Elemento subjetivo del delito de difusión de contenidos que fomentan delitos sexuales

Respecto al **elemento subjetivo** del tipo penal, se requiere **dolo** que abarque tanto el conocimiento de que el contenido es idóneo y está orientado a promover, fomentar o incitar la comisión de esos delitos sexuales, como la voluntad de difundirlo públicamente a través de los medios tecnológicos indicados.

No obstante, no se exige que el autor comparta personalmente la ideología subyacente ni que obtenga un beneficio económico, sino que será suficiente que quiera difundir conscientemente ese tipo de contenidos y conozca su finalidad incitadora.

Penalidad del delito de difusión de contenidos que fomentan delitos sexuales

Finalmente, la **pena alternativa** impuesta para este tipo penal es la de multa de 6 a 12 meses o prisión de 1 a 3 años. La elección y graduación corresponderá al juez, que deberá **valorar**: la gravedad e intensidad del contenido (grado de concreción, claridad de la incitación, tono de enaltecimiento...); el alcance de la difusión (número de usuarios potencialmente expuestos, duración en línea, viralización...); contexto y reiteración (publicaciones continuadas, pertenencia a foros especializados...); y perfil de las víctimas potenciales, entre otros.

A mayores, el segundo párrafo del artículo 189 bis del CP impone a las autoridades judiciales la adopción de **medidas tecnológicas**, a saber:

1. **Retirada de los contenidos**. Orden a plataformas, proveedores de *hosting* o autores para eliminar los contenidos ilícitos.

2. **Interrupción de los servicios** que ofrezcan predominantemente tales contenidos.

3. **Bloque de contenidos y servicios** cuando radiquen en el extranjero y no resulta posible otra actuación eficaz.

Estas medidas se alinean con previsiones similares de otros preceptos como, por ejemplo, en materia de pornografía infantil, y se conciben como instrumentos de prevención y neutralización de riesgos.

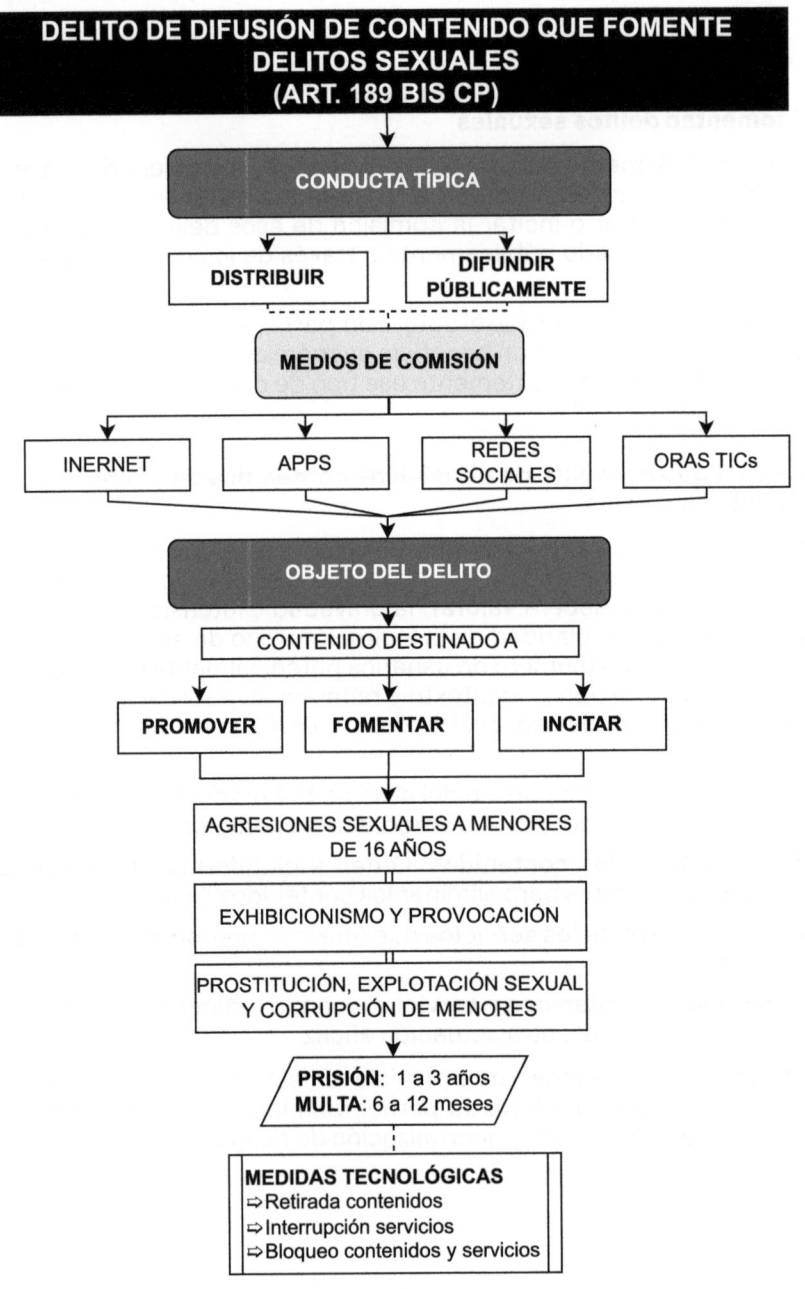

DELITO DE DIFUSIÓN DE CONTENIDO QUE FOMENTE DELITOS SEXUALES (ART. 189 BIS CP)

CONDUCTA TÍPICA

DISTRIBUIR

DIFUNDIR PÚBLICAMENTE

MEDIOS DE COMISIÓN

INERNET

APPS

REDES SOCIALES

ORAS TICs

OBJETO DEL DELITO

CONTENIDO DESTINADO A

PROMOVER

FOMENTAR

INCITAR

AGRESIONES SEXUALES A MENORES DE 16 AÑOS

EXHIBICIONISMO Y PROVOCACIÓN

PROSTITUCIÓN, EXPLOTACIÓN SEXUAL Y CORRUPCIÓN DE MENORES

PRISIÓN: 1 a 3 años
MULTA: 6 a 12 meses

MEDIDAS TECNOLÓGICAS
⇨ Retirada contenidos
⇨ Interrupción servicios
⇨ Bloqueo contenidos y servicios

ANEXO.
CASOS PRÁTICOS

ANEXO.
CASOS PRÁTICOS

Caso práctico | ¿La conocida como «Ley del solo sí es sí» reduce siempre las penas ya impuestas?

PLANTEAMIENTO

¿Se puede rebajar la pena por tentativa de agresión sexual con la LO 10/2022 si la condena inicial no estaba en el mínimo?

RESPUESTA

No. No procede rebajar la pena por aplicación del a LO 1/2022, de 6 de septiembre cuando la pena inicialmente impuesta no era la mínima del marco legal anterior.

La sentencia del Tribunal Supremo n.º 734/2025, de 17 de septiembre, ECLI:ES:TS:2025:3978, resuelve un caso en el que un condenado por tentativa de agresión sexual agravada (intento de acceso carnal) tiene dos atenuantes (embriaguez y dilaciones indebidas). La AP, aplicando los artículos 62 y 66 del Código Penal, fija una pena de 1 año y 5 meses de prisión, dentro de un margen de 9 meses a 1 año y 6 meses. En la sentencia se explica que no se impone el mínimo por la gravedad del hecho, que habría llegado a consumarse de no intervenir la policía.

Tras la entrada en vigor de la LO 10/2022, de 6 de septiembre, el penado pide que se le rebaje la pena por ser la nueva regulación más favorable. El Tribunal Supremo no rebaja la pena, razonando que la AP ya aplicó la rebaja por tentativa y la rebaja por dos atenuantes, fijando la pena por encima del mínimo, justificando que el hecho fue especialmente grave y habría llegado a consumarse sin la intervención policial.

Además, recuerda el TS su doctrina tras la LO 10/2022, de 6 de septiembre: solo hay obligación de revisar a la baja cuando la nueva ley reduce la pena mínima y la sentencia antigua había impuesto precisamente esa mínima.

Así pues, al no imponerse en este caso la mínima, sino una pena superior, el TS concluye que no cabe nueva reducción de la pena y mantiene la condena.

Caso práctico | ¿Puede condenarse por agresión sexual solo con ADN y testimonio?

PLANTEAMIENTO

¿Es suficiente la declaración de la víctima y la prueba de ADN para condenar por agresión sexual, pese a contradicciones menores?

RESPUESTA

La sentencia del Tribunal Supremo n.º 331/2024, de 18 de abril, ECLI:ES:TS:2024:2110, resuelve un caso en el que el acusado niega haber tenido contacto físico alguno con su prima, que le denuncia por una agresión sexual ocurrida de madrugada en el piso que comparten. En el juicio constan: declaración de la víctima, estable en lo esencial (insistencia sexual, agresión con fuerza, penetración y masturbación forzada con eyaculación), aunque con alguna diferencia menor sobre cómo empezó la conversación; informes médicos de lesiones compatibles y afectación emocional; informe de ADN que detecta semen del acusado en la zona vaginal externa de la víctima. La defensa alega que: la víctima miente por venganza (conflicto por el pago del alquiler); el ADN pudo pasar por toallas compartidas o la lavadora; los compañeros de piso no oyeron nada esa noche.

El Tribunal Supremo condena, ya que **la declaración de la víctima es coherente, persistente y se ve reforzada por corroboraciones objetivas (lesiones médicas y ADN), por lo que es suficiente para condenar por el delito de agresión sexual, aunque existan contradicciones menores** o testigos que no oyeron nada. El tribunal desarrolla que:

- La jurisprudencia admite la declaración del a víctima como prueba de cargo bastante si no hay indicios serios de ánimo espurio, si el relato es suficientemente estable y si existen datos externos que la corroboran.

- En un caso como el descrito, considera el TS que resulta decisiva la prueba de ADN, incompatible con la negación total de contacto.

- La compatibilidad de las lesiones con el relato de la agresión.

- La coherencia del relato en mensajes de WhatsApp.

- Las explicaciones alternativas (toallas, lavadora...) se rechazan al no estar probadas ni respaldadas pericialmente, y las pequeñas discrepancias de detalle o el hecho de que otros no oyeran nada no bastan para generar una duda razonable.

Por todo ello, la conducta de este caso es condenada como agresión sexual de manera jurídicamente correcta, pues se apoya en la declaración de la víctima y en la prueba objetiva disponible, sin vulnerar la presunción de inocencia.

Caso práctico | Tras la reforma de la LO 10/2022, ¿se rebajan las penas por agresión sexual a pacientes sedadas en un hospital?

PLANTEAMIENTO

¿Puede rebajarse la pena por agresión sexual tras la LO 10/2022, de 6 de septiembre, cuando la víctima estaba sedada en un hospital?

RESPUESTA

No. No procede rebajar las penas. En el caso concreto de la STS n.º 655/2024, de 26 de junio, ECLI:ES:TS:2024:3600, resuelve un caso en el que un celador de una clínica es condenado, por sentencia firme anterior a la LO 10/2022, de 6 de septiembre, por tres delitos de abuso sexual (hoy agresión sexual) cometidos sobre pacientes sedadas o recién sedadas en un box de recuperación, desnudas o semidesnudas de cintura para abajo, aprovechando su condición de personal sanitario y la ausencia de otros facultativos. La AP aplica la agravante específica de víctima especialmente vulnerable. Tras la reforma de 2022, el condenado pide la revisión alegando que la vulnerabilidad ya está recogida en el tipo básico de agresión sexual (apartado 2 del artículo 178 del CP), por lo que no puede agravarse de nuevo (*non bis in idem*).

El Tribunal Supremo confirma que no procede la rebaja de la pena porque la especial vulnerabilidad sigue siendo una agravante aplicable tras la reforma y, además, la nueva regulación no resulta globalmente más favorable.

El Alto Tribunal explica que la reforma introduce en el apartado 2 del artículo 178 del CP que serán en todo caso agresiones sexuales los actos realizados, entre otros supuestos, con abuso de vulnerabilidad de la víctima. Esta referencia sirve para dejar claro que en tales casos no hay consentimiento válido. La especial vulnerabilidad del artículo 180 del CP es un *plus*, ya que permite agravar la pena a la mitad superior cuando la situación de indefensión es cualificada. Así pues, el TS afirma que el delito se califica como agresión sexual por ausencia de consentimiento; la especial vulnerabilidad es un elemento adicional que agrava la pena, sin vulnerar el *non bis in idem*.

Caso práctico | ¿Dos violaciones separadas constituyen delito continuado de agresión sexual?

PLANTEAMIENTO

¿Cabe apreciar delito continuado de agresión sexual cuando hay dos penetraciones no consentidas a la misma víctima en su domicilio en momentos distintos?

RESPUESTA

Tras romper la relación de pareja con convivencia, un hombre sigue controlando y amenazando a su expareja. Ya rota la relación, se producen dos episodios: en el primero, él acude a casa de ella, insiste hasta que abre, la derriba en el sofá y la penetra vaginalmente, pese a sus negativas y amenazas de denunciarle, profiriendo él amenazas contra ella y su familia; en la segunda ocasión, tiempo después, ella cambia la cerradura por miedo, él consigue unas llaves sin su consentimiento, entra en la vivienda y la espera dentro. Cuando ella llega, la tira sobre la cama, la golpea con las llaves y la vuelve a penetrar vaginalmente, diciéndole que nadie la va a creer si denuncia.

El Tribunal Supremo, en su ATS n.º 58/2020, de 12 de diciembre, ECLI:ES:TS:14095A, resuelve este supuesto, confirmando la condena por delito continuado de agresión sexual (artículo 178 y 179 del CP), en concurso con allanamiento de morada.

Considera el TS que hay dos penetraciones no consentidas, mediante fuerza y amenazas; se dan misma víctima, mismo autor y misma naturaleza del a conducta; y los hechos se interesan en una relación marcada por el miedo, las humillaciones y el control, lo que revela una pauta continuada de agresiones.

La distinta forma de acceso al domicilio no impide la continuidad delictiva: afecta al concurso con el allanamiento de morada, pero no rompe la unidad de propósito y la reiteración de las agresiones sexuales que justifican el delito continuado.

Caso práctico | ¿Puede una madre ser condenada por no impedir la violación de su hija?

PLANTEAMIENTO

¿Puede condenarse por agresión sexual por comisión por omisión a quien presencia la violación de su hija adulta y no actúa?

RESPUESTA

Una mujer de 21 años viaja a ver a su madre y a la pareja sentimental de ésta. Salen a locales, consumen alcohol y de madrugada suben los tres a una sola habitación de hostal.

La hija se encuentra mal por el alcohol, se tumba en la cama y queda amodorrada. La pareja de la madre aprovecha para desnudarla de cintura para abajo y, pese a su resistencia física y verbal, acaba penetrándola vaginalmente sin consentimiento. Mientras la agresión sexual se está produciendo, entra en la habitación la madre, que ve la escena y oye las peticiones de ayuda de su hija, pero no hace nada para detener al agresor ni para auxiliarla. La hija termina escapando y pide ayuda a terceros.

La sentencia del Tribunal Supremo n.º 771/2024, de 13 de septiembre, ECLI:ES:TS:2024:4451, la cual resuelve este caso, **no condena a la madre como autora ni coautora de agresión sexual por comisión por omisión, ni como cómplice omisiva, y su responsabilidad se limita al delito del artículo 450 del Código Penal por omitir impedir el delito**.

El TS desarrolla que la comisión por omisión exige una posición de garante jurídicamente fundada respecto del bien jurídico, deberes específicos de evitar el resultado y la acción típica y la equivalencia valorativa entre la omisión y la acción típica.

El tribunal afirma que el mero parentesco madre-hija no basta, por sí solo, para convertir a la madre en garante de la libertad sexual de una hija mayor de edad, con vida independiente, residiendo en otra ciudad, sin discapacidad ni enfermedad que generen una dependencia estructural. Así pues, no se acredita una verdadera posición de garante que permita imputar a la madre el resultado de la violación como si ella mismo la hubiera cometido.

Por otro lado, para condenar como cómplice omisiva haría falta, además, un acuerdo previo o sobrevenido con el autor y el llamado «doble dolo», es decir, conocer el hecho principal y querer contribuir a él mediante la inacción.

Los hechos probados solo dicen que la madre entra, ve lo que ocurre y no hace nada. No se describe concierto, adhesión al plan ni voluntad de cooperación.

Así pues, el Tribunal Supremo califica la conducta de la madre como una omisión pura del artículo 450 del Código Penal, ya que se presencia un delito grave y, con posibilidad de actuar sin riesgo, no se hace.

Caso práctico | ¿La edad de una menor agrava siempre una agresión sexual?

PLANTEAMIENTO

¿Puede aplicarse la agravante de especial vulnerabilidad por razón de edad en una agresión sexual a una menor de 13 años sin vulnerar el *non bis in idem*?

RESPUESTA

Sí, puede aplicarse. A modo de ejemplo, la STS n.º 727/2018, de 30 de enero, ECLI:ES:TS:2019:226, resuelve un supuesto en el que el acusado, de 32 años, es condenado por un delito continuado de agresión sexual a una menor de 13 años. En los hechos probados consta que la agarraba fuertemente, la llevaba a la habitación, la empujaba a la cama, la sujetaba de las manos y la penetraba vaginalmente, amenazándola con hacer lo mismo a su hermana si contaba algo.

La AP aplica el artículo 179 del Código Penal (delito de agresión sexual con acceso carnal) y, además, el subtipo agravado del artículo 180 del Código Penal, por considerar que la víctima era especialmente vulnerable por su edad.

La defensa alega en casación que ya se ha tenido en cuenta la edad para valorar la violencia/intimidación del artículo 179 del CP, por lo que no puede volver a utilizarse para agravar, so pena de infringir el principio de *non bis in idem*. Además, la edad por sí sola, no bastaría para apreciar la especial vulnerabilidad.

El Tribunal Supremo razona, en síntesis, que:

- La agresión sexual del artículo 179 del CP se integra por la violencia concreta: agarrar fuertemente a la menor, llevarla a la habitación, empujarla a la cama, sujetarla de las manos y amenazarla.

- Esa violencia se fundamenta en los actos físicos y las amenazas, no en la edad de la víctima.

- La agravación del artículo 180 del CP responde a un elemento diferente: la especial vulnerabilidad por razón de la edad. Con 13 años, la víctima es objetivamente una niña, con muy limitada capacidad de autoprotección. La enorme diferencia de edad con el acusado refuerza esa situación de vulnerabilidad. Y el TS considera que esta franja de edad, por sí sola, justifica la especial vulnerabilidad prevista legalmente.

Al estar la violencia (modo de ejecución) y la especial vulnerabilidad (condición objetiva de la víctima) en planos distintos del injusto, no se produce una doble valoración del mismo elemento fáctico y, por tanto, no se vulnera el *non bis in idem*.

En consecuencia, en supuestos de agresión sexual con violencia sobre una menor de 13 años, es jurídicamente viable aplicar el tipo del artículo 179 del CP y, además, el subtipo agravado del artículo 180 del CP por especial vulnerabilidad por razón de edad.

Caso práctico | ¿Basta participar para agravar una agresión sexual en grupo?

PLANTEAMIENTO

¿Cuándo se aplica la agravante de actuación conjunta de varias personas en la agresión sexual?

RESPUESTA

Tres hombres sacan de un pub, de madrugada, a una joven muy mareada por el alcohol. La suben a un coche, la llevan a un descampado y, ya en el vehículo, de forma sucesiva y coordinada, uno le obliga a hacerle una felación, otro la penetra vaginalmente y después analmente, mientras los tres la sujetan, la insultan y le tocan y lamen los pechos.

La defensa de uno de ellos alega que, aunque estuvo presente e hizo tocamientos, no realizó todas las penetraciones y que, por tanto, no debería de aplicarse la agravante del artículo 180 del CP ni hablar de delito continuado de agresión sexual.

El Tribunal Supremo, que resuelve esta caso en su STS n.º 444/2022, de 5 de mayo, ECLI:ES:TS:2022:1734, sentencia que **la agravante de actuación conjunta de varias personas del artículo 180 del CP se aplica a todos los que integran el grupo agresor, aunque alguno no ejecute personalmente todas las penetraciones**, siempre que participe de forma esencial en la agresión.

Conforme a la jurisprudencia del TS se califica como una agresión sexual grupal los supuestos en los que: hay un plan común de someter sexualmente a la víctima; cada acusado aporta una contribución necesaria (penetrar, sujetar, presionar la cabeza, tocar, lamer...); y la presencia y actuación conjunta de todos genera una intimidación ambiental que anula o debilita gravemente la capacidad de resistencia de la víctima.

Es esos casos, quien realiza una felación forzada u otros actos sexuales coactivos es autor de agresión sexual con acceso carnal (artículo 179 del CP) y, además, el contexto grupal permite aplicar la agravante del artículo 180 del CP a todos los intervinientes, no solo al que ejecuta la penetración principal.

Además, cuando se producen varios accesos carnales sucesivos (vaginal y anal) sobre la misma víctima en una misma secuencia, el TS acepta su tratamiento como delito continuado de agresión sexual, compatible con la agravante de actuación conjunta.

Por tanto, en un escenario como el descrito, procede condenar a todos los miembros del grupo por delito continuado de agresión sexual agravada del artículo 180 del CP, aunque alguno no haya efectuado materialmente todas las penetraciones.

Caso práctico | ¿Puede alguien ser responsable de una violación grupal sin tocar a la víctima?

PLANTEAMIENTO

¿Cuándo responde como cooperador necesario quien no penetre a la víctima en una agresión sexual grupal?

RESPUESTA

Una joven de 22 años, muy afectada por alcohol y drogas, acepta ir con un chico (A) a un piso cercano para mantener relaciones consentidas con él. En el dormitorio entran tres amigos de A, que empiezan a tocarla y la penetran vaginal y analmente, mientras un quinto varón le obliga a una felación. La joven, rodeada por varios hombres en una habitación pequeña, se queda bloqueada, con miedo y sin capacidad real de oponerse.

A, que era la única persona con la que ella quería mantener relaciones, presencia gran parte de los hechos sin hacer nada por detenerlos. Solo al final entra de nuevo en la habitación, saca a la chica y en ese momento cesa la agresión.

Se discute si A es solo cómplice por no impedir lo que hacen sus amigos, o cooperador necesario en los delitos de agresión sexual.

En un supuesto así, la STS n.º 658/2025, de 9 de julio, ECLI:ES:TS:2025:3538, resuelve que A debe responder como **cooperador necesario en los delitos de agresión sexual**, aunque no haya realizado personalmente ninguna penetración. La clave está en que su conducta no es una simple omisión secundaria, sino una aportación esencial al delito, ya que él convence a la víctima para ir al domicilio donde se producirá la agresión y la introduce en ese entorno, creando el riesgo. Además, permanece presente y pasivo en un espacio reducido, junto a otros varones, reforzando la intimidación ambiental que bloquea a la víctima y anula su capacidad de resistencia. Así pues, queda probado que tenía capacidad real de detener la agresión, porque cuando finalmente entra y la saca de la habitación, los ataques cesan.

Por todo ello, su actuación no encaja en la mera complicidad omisiva, sino en la cooperación necesaria, ya que sin su intervención y su presencia intimidatoria la agresión grupal no se habría producido del mismo modo ni con la misma facilidad.

Caso práctico | ¿Qué pena se impone si una agresión sexual se frena por terceros?

PLANTEAMIENTO

¿Puede imponerse una pena cercana al máximo del grado inferior en una tentativa de agresión sexual muy próxima a la consumación?

RESPUESTA

Sí, en una tentativa de agresión sexual con un grado de ejecución muy avanzado y un peligro muy elevado para la libertad e indemnidad sexual de la víctima, es conforme a Derecho fijar una pena de 5 años dentro del grado inferior, siempre que se motive adecuadamente en el peligro generado y en la proximidad a la consumación.

La sentencia del TSJ de Galicia n.º 22/2025, de 18 de febrero, ECI:ES:TS:2025:1632, resuelve un caso en el que un hombre entra de madrugada en la habitación de hotel donde duerme una mujer, casi desnudo y con un preservativo. Mientras ella duerme, se mete en la habitación, la agarra, forcejea con ella, la tira al suelo se coloca encima desnudo, le tapa la boca con fuerza y le aprieta el cuello para que no grite. La víctima se resiste con fuerza desde el principio, grita, intenta llegar a la puerta y, gracias a su resistencia y a la intervención de otros huéspedes que acuden por los gritos y golpean la puerta, consigue escapar. No llega a producirse acceso carnal. La víctima sufre múltiples lesiones.

La AP condena por delito intentado de agresión sexual con acceso carnal y violencia a 5 años de prisión (pena inferior en un grado: marco de 3 a 6 años) y por lesiones a 9 meses. El acusado recurre alegando falta de motivación y desproporción, pidiendo 3 años por la tentativa y 3 meses por las lesiones.

El TSJ confirma la condena de la AP y razona que:

- En la tentativa, el artículo 62 del CP exige valorar el peligro inherente al intento y el grado de ejecución alcanzado. En este caso, el acusado realizó prácticamente todos los actos de ejecución necesarios para la violación (entra en la habitación, agarra y tira a la víctima al suelo, se coloca desnudo encima, le tapa la boca...).
- La no consumación se debe solo a la fuerte resistencia de la víctima y a la intervención de terceros, no a un desistimiento voluntario.
- La AP motiva la pena en torno a la gravedad del hecho, duración de la agresión y persistencia del acusado pese a los gritos y a los intentos de ayuda de otros huéspedes.

Así pues, el TSJ considera que la pena respeta el principio de proporcionalidad, no siendo arbitraria ni inmotivada y ajustándose al sistema de punición de la tentativa y a la doctrina que permite situar la pena en la parte alta del grado inferior cuando el peligro y el avance en la ejecución son muy relevantes.

En conclusión, la sentencia muestra que, en tentativas de agresión sexual muy cercanas a la consumación, con un peligro alto y gran avance ejecutivo, el tribunal puede legítimamente imponer una pena cercana al máximo del grado inferior, siempre que lo motive en esos parámetros.

Caso práctico | ¿Es delito continuado de agresión sexual si no se sabe el número exacto de agresiones?

PLANTEAMIENTO

¿Es necesario acreditar el número exacto de agresiones sexuales para aplicar el delito continuado?

RESPUESTA

No. Es posible aplicar el delito continuado, aunque no se concrete el número exacto de agresiones, siempre que quede probado que hubo varias acciones delictivas homogéneas sobre la misma víctima, en un periodo de tiempo próximo y en circunstancias similares.

La sentencia del Tribunal Supremo n.º 811/2025, de 7 de octubre, ECLI:ES:TS:2025:4399, resuelve un supuesto en el que un hombre, pareja de la madre, convive con una menor de 14 años que tiene una discapacidad intelectual del 43 %. Durante unos diez días, cuando la madre se ausenta, él entra varias veces en la habitación de la menor, le baja la ropa, le aplica aceite y la penetra analmente, y en otras ocasiones la obliga a realizarle felaciones. En los hechos probados sólo consta que estos actos ocurrieron «en varias ocasiones» en ese periodo, sin concretar cuántas veces. La defensa sostiene que, al no saberse el número exacto de episodios, no cabe condenar por delito continuado.

El TS considera suficiente que los hechos probados indiquen que los abusos y penetraciones se dieron «en varias ocasiones» en un intervalo temporal concreto y sobre la misma menor, en el mismo domicilio y aprovechando la convivencia y la situación de superioridad.

Así pues, entiende el Supremo que no es necesario precisar si fueron tres, cinco o más agresiones, sino que lo determinante es que se acredite la reiteración de actos típicos en un mismo contexto. Esa reiteración permite aplicar el artículo 74 del Código Penal y calificar los hechos como delito continuado de agresión sexual con penetración a menor de 16 años, con la correspondiente agravación de la pena frente a un solo hecho aislado.

Caso práctico | ¿Ignorar la edad de la menor evita el dolo en el delito de agresión sexual?

PLANTEAMIENTO

¿Puede alegarse error de tipo sobre la edad de la víctima en un delito de agresión sexual si el acusado dice que pensaba que era mayor de 16 años?

RESPUESTA

La sentencia del Tribunal Supremo n.º 289/2025, de 16 de septiembre, ECLI:ES:TS:2025:2549, resuelve un caso en el que un hombre de 43 años mantiene durante unos tres meses relaciones sexuales completas y reiteradas con una chica que, en realidad, tenía 13 años. La ve con frecuencia, la recoge incluso en el instituto, sabe que vive con sus padres y que su grupo de amigos está formado por menores de 16 y 17 años. El acusado sostiene que la menor le dijo que tenía 18-20 años y alega error de tipo sobre la edad (artículo 14 del Código Penal), pidiendo la absolución del delito de agresión sexual a menor de 16 años del artículo 181 del CP.

El Tribunal Supremo sentencia que no procede apreciar error de tipo, sino dolo eventual, ya que el acusado, como mínimo, dudó razonablemente de que la víctima tuviera 16 años y, aun así, decidió seguir manteniendo relaciones sexuales.

Por tanto, el dolo en este tipo penal debe abarcar el conocimiento o, al menor, la racional sospecha de que la víctima es menor de 16 años. La apariencia física y la madurez de la víctima se correspondían con una chica de 13-14 años y no se prueba la existencia real de un DNI falso ni se acredita de modo sólido su actividad en redes de adultos. A mayores, el acusado, con 43 años y amplia experiencia en relaciones y aplicaciones de contacto, tenía capacidad sobrada para percibir que no estaba ante una mujer de 18-20 años. Con estos datos, concluye el tribunal que el acusado debió, al menos, albergar una duda seria sobre que la edad de la víctima fuera menor de 16 años y que, pudiendo comprobarlo, optó por no hacerlo y continuar con las relaciones.

Aplicando la **doctrina del «dolo de indiferencia», se descarta el error de tipo y de afirma la existencia de dolo eventual, suficiente para condenar por el delito** continuado de agresión sexual a menor de 16 años, sin apreciarse atenuantes.

Caso práctico | ¿Pueden los tocamientos breves tener una pena atenuada?

PLANTEAMIENTO

En casos de tocamientos breves sin consentimiento, ¿se aplica el tipo atenuado del apartado 4 del artículo 178 del CP?

RESPUESTA

La sentencia del Tribunal Supremo n.º 431/2025, de 14 de mayo, ECLI:ES:TS:2025:2007, resuelve un supuesto en el que un hombre cita a una mujer para una entrevista de trabajo en un centro de masajes. En una cabina, le dice que debe hacer una «prueba práctica» y le pide que se tumbe en la camilla y se baje el pantalón hasta media pierna para mostrarle cómo debería realizar los masajes. Comienza a masajearle las piernas y, sin su consentimiento, sube las manos hasta la zona de la vagina, realizando tocamientos por encima de la ropa interior. La mujer dice que «eso no es normal», pero él además le toca los pechos por encima de la ropa, hasta que ella le exige que pare, momento en el que él cesa y ella se marcha.

No hay violencia física añadida, ni penetración, los tocamientos son breves, pero en zonas claramente sexuales y en un contexto de abuso de la situación (entrevista de trabajo).

Así pues, el Tribunal Supremo declara que los tocamiento en partes sexuales, aunque sean breves y sin violencia o intimidación añadida, son siempre delito contra la libertad sexual (delito de agresión sexual), nunca una mera vejación injusta.

En atención a la «menor entidad del hecho» (toqueteo sin penetración, breve, cesa cuando la víctima lo exige) y a las circunstancias personales del autor, el TS encaja el caso en el subtipo atenuado del apartado 4 del artículo 178 del CP, lo cual permite la pena de multa.

Caso práctico | ¿La apariencia de madurez evita el delito sexual con menores?

PLANTEAMIENTO

¿Puede un acusado alegar error sobre la edad de la menor si dice que creía que tenía 16 años por su aspecto y madurez?

RESPUESTA

No. El Tribunal Supremo rechaza la existencia de error de tipo sobre la edad y confirma íntegramente la condena, tal y como se expresa en su STS n.º 997/2025, de 4 de diciembre, ECLI:ES:TS:2025:5538, en la cual un hombre mantiene varias relaciones sexuales consentidas con una chica que en realidad tiene 14 años. La conoce desde años atrás porque es hija de un amigo suyo y ha tratado con su familia. La menor queda embarazada y da a luz a dos hijos y una prueba biológica acredita la paternidad del acusado.

La AP condena al hombre por delito contra la libertad sexual de menor de 16 años, con pena de prisión de 12 años, prohibición de aproximación y comunicación, medida de libertad vigilada y declaración de filiación respecto de los dos menores, con pensión de alimentos e indemnización a la madre.

El condenado recurre alegando vulneración de la presunción de inocencia y sostiene que concurría un error de tipo (apartado 1 del artículo 14 del Código Penal) sobre la edad: alega que pensaba que la chica tenía 17 años, que su apariencia física y psicológica mostraban más madurez, apoyado esto en unas fotos donde se le ve con tatuajes, piercings y consumo de sustancias, y añade que la denuncia se interpone dos años después, por celos y por negarse él a reconocer la paternidad.

El TS concluye que se considera probado, de manera lógica y razonable, que el acusado conocía la edad de la víctima. Las fotografías se descartan por no ser coetáneas a los hechos (son posteriores) y no acreditan la apariencia de la menor en 2017. Además, la víctima declara persistente y coherentemente que el acusado era amigo de su padre y la conocía desde más pequeña.

Así pues, con este cuadro probatorio, el Supremo afirma que hubo prueba de cargo suficiente de que el acusado sabía que la niña era menor de 16 años, no procediendo aplicar el error de tipo del artículo 14 del CP.

Caso práctico | ¿Se puede aplicar la exención del art. 183 bis CP cuando existe una diferencia de edad de 7 años?

PLANTEAMIENTO

¿Es aplicable la exención de responsabilidad penal del artículo 183 bis del Código Penal cuando un joven de 20 años mantiene relaciones sexuales con su novia de 13 años?

RESPUESTA

Un joven de 20 años mantiene una relación de noviazgo con una chica de 13 años. Él ya no estudia, trabaja y tiene antecedentes penales. Tras unos meses de relación, se producen tocamientos sexuales y penetración vaginal en una vivienda vacía y en el domicilio de él.

La menor no tenía experiencia sexual, había manifestado que «no se sentía preparada» y, tras la penetración, queda en estado de shock y recibe tratamiento psicológico.

La defensa sostiene que: hay una relación de noviazgo «normal» entre adolescentes; la diferencia de edad (unos 7 años) no es abismal; ambos están en la etapa de «adolescencia» según criterios médicos; y ella consintió y propició encuentros sin adultos. Por tanto, debe aplicarse el artículo 183 bis del CP para excluir la tipicidad o, al menos, como base de una atenuante analógica muy cualificada.

La sentencia del Tribunal Supremo n.º 85/2024, de 26 de enero, ECLI:ES:TS:2024:1795, resuelve este supuesto declarando que **no procede aplicar el artículo 183 bis del CP ni como causa de no tipicidad ni como base de una atenuante analógica muy cualificada**, porque existe una clara asimetría de edad y desarrollo entre el joven y la menor que impide considerar su consentimiento plenamente libre y legitimado.

A mayores, recuerda el TS que dicho artículo solo excluye la responsabilidad cuando concurren cumulativamente:

- Proximidad de edad.
- Proximidad real en el grado de desarrollo o madurez.

No basta con que la diferencia de edad no se «abismal» ni que exista noviazgo. Debe haber verdadera similitud de experiencias vitales y madurez.

Así pues, el Supremo concluye que existe una marcada asimetría evolutiva entre las partes: la menor no puede ejercer su autonomía sexual en un plano equivalente y el consentimiento no es válido a efectos del artículo 183 bis del Código Penal.

Además, el Tribunal rechaza usar este precepto como fundamento de una atenuante analógica: si no se alcanza la «proximidad combinada» edad/madurez exigida para reducir la pena, pues puede construirse una «cuasiproximidad» para reducir la pena, pues se vulneraría la finalidad protectora de la indemnidad sexual de los menores de 16 años.

Caso práctico | ¿Es delito enviar una foto íntima a tu pareja menor de edad?

PLANTEAMIENTO

¿Constituye delito de provocación sexual que un adulto envíe a su pareja de 17 años una foto de su miembro si ya mantienen relaciones sexuales consentidas?

RESPUESTA

La STS n.º 405/2025, de 6 de mayo, ECLI:ES:TS:2025:1946, resuelve un supuesto en el que un hombre adulto mantiene una relación afectiva y sexual consentida con una chica de 17 años. Las relaciones sexuales son libres y no delictivas (ella es mayor de 16 y no hay violencia, intimidación o engaño). En este contexto, el adulto envía por una aplicación de mensajería una fotografía de su pene erecto. No hay constancia de que esa imagen se haya difundido a terceros ni que forme parte de un repertorio pornográfico más amplio.

El TS no aprecia el delito de provocación sexual del artículo 186 del Código Penal, pese a que formalmente concurran sus elementos. El Supremo parte de que: enviar a una menor de edad una foto de un pene erecto puede considerarse material pornográfico, sin embargo, se valora el contexto concreto (relaciones sexuales lícitas y consentidas, la imagen muestra el propio órgano sexual de quien ya ha tenido contactos sexuales completos con ella y no existe difusión ni vocación de distribución, sino un gesto íntimo dentro de la relación).

Así pues, en estas circunstancias tan específicas, no se lesiona el bien jurídico protegido (el normal desarrollo sexual de la víctima), por lo que **falta la antijuridicidad material y la conducta no debe ser castigada penalmente**.

No obstante, el propio tribunal advierte que este criterio no es extensible a otros supuestos como, por ejemplo, envíos previos para captar a menores, difusión a terceros, material derivado, etc., donde sí cabría condenar por el artículo 186 del Código Penal.

Caso práctico | ¿Es delito mostrar pornografía a menores aunque no haya tocamientos?

PLANTEAMIENTO

¿Constituye delito que un abuelo enseñe revistas y películas pornográficas a sus nietas menores, aunque no haya tocamientos?

RESPUESTA

Sí. La simple exhibición consciente de material pornográfico a menores de edad constituye el delito de provocación sexual del artículo 186 del Código Penal, aunque no vaya seguido de tocamientos ni exista una finalidad especial distinta de mostrar ese material.

La sentencia del Tribunal Supremo n.º 370/2023, de 18 de mayo, ECLI:ES:TS:2023:2281, resuelve un supuesto en el que un abuelo regenta un quiosco y convive con sus nietas, de corta edad (5 y 7 años, aproximadamente). En varias ocasiones, en su domicilio, les pone películas pornográficas en la televisión y les enseña revistas con escenas de sexo explícito entre adultos. Además, en el quiosco, también les muestra revistas y películas pornográficas cuando están solos. A veces, después de enseñarles ese material, el abuelo comete agresiones sexuales; otras veces, solo les exhibe el material, sin contacto físico posterior.

El Tribunal Supremo confirma la condena del abuelo por dos delitos continuados del artículo 186 del CP, ya que: mostraba reiteradamente a sus nietas revistas y películas pornográficas con sexo explícito y en unas ocasiones era un preludio de otros abusos, pero en otras solo se producía la exhibición, sin tocamientos.

Así pues, al tratarse de un delito de mera actividad, se consuma por el acto de enseñar el material pornográfico al menor. Por ello, en este caso, existe delito por el mero hecho de mostrar reiteradamente ese material a las nietas, con independencia de que luego existan o no otros abusos sexuales (que se castigarán adicionalmente como delitos contra la libertad sexual).

Caso práctico | ¿Anunciar a una menor constituye delito de prostitución de menores?

PLANTEAMIENTO

¿Es necesario que el menor llegue efectivamente a prostituirse para que exista delito de prostitución de menores?

RESPUESTA

No, no es necesario que el menor llegue a mantener relaciones sexuales; el delito del apartado 1 del artículo 188 del CP es de mera actividad y de resultado cortado, es decir, basta con inducir, promover, favorecer o facilitar la prostitución del menor, sin que sea exigible que esta llegue a materializarse en actos sexuales retribuidos.

La sentencia del Tribunal Supremo n.º 850/2022, de 27 de octubre, ECLI:ES:TS:2022:2939, resuelve un caso con estas circunstancias: una mujer, pareja del padre de una menor (15 años), decide ejercer la prostitución por problemas económicos. Para ello: publica varios anuncios en una web de contactos ofreciendo servicios sexuales, presentándose ella y la menor como «dos hermanas», usando fotos de la menor y teléfono de ambas; alquila una habitación en una «casa escort» y acude con la menor, a la que presenta como mayor de edad con nombre falso, sin mostrar documentación; la menor convive en esa habitación mientras la mujer recibe a los clientes (en alguna ocasión se esconde debajo de la cama); no consta que la menor mantenga relaciones sexuales por precio, pero sí que fue anunciada y expuesta como disponible; la menor declara que la acusada cogió sus fotos, controlaba el teléfono y la amenazaba con internarla en un centro si contaba algo a su padre.

El Tribunal Supremo confirma el delito de prostitución de menores ya que la acusada publicita a la menor en anuncios sexuales con fotos suyas y teléfonos vinculados a ambas; la integra en una «casa escort», la presenta como mayor de edad y organiza el entorno para su explotación sexual; además, ejerce control sobre la menor mediante amenazas. Así pues, son estos actos suficientes para apreciar el delito del artículo 188 del Código Penal, más aún cuando la víctima tiene menos de 16 años, lo que justifica la aplicación del marco agravado.

Caso práctico | ¿Es delito orientar a una menor en su prostitución previa?

PLANTEAMIENTO

¿Es delito de prostitución de menores ayudar a una menor a anunciarse por Internet para prostituirse, aunque ya se prostituyera antes?

RESPUESTA

Si, favorecer o facilitar la prostitución de una menor de edad, aunque ya se prostituyera antes, constituye delito.

La sentencia del Tribunal Supremo n.º 575/2020, de 4 de noviembre, ECLI:ES:TS:2020:3754, resuelve un supuesto en el que un chico de 20 años, que también se prostituye, conoce a una menor de 17 años que ya realizaba esporádicamente servicios sexuales a cambio de dinero. Ella le pide a él ayuda, y este le enseña a anunciarse en páginas web de contactos para prostitución, la orienta sobre fotos, textos y cómo responder a los clientes y concierta un «trío» con ella con un cliente, que paga 90€, cantidad que se reparten. No hay violencia ni engaño. La menor ya se prostituía antes y parece actuar voluntariamente.

El Tribunal Supremo considera que existe delito ya que el acusado presta ayuda y orientación concreta que haga posible, mantenga o refuerce la prostitución de la menor, encajando esto en el verbo típico de «favorecer» o «facilitar». Por otro lado, no se exige que el autor inicie la prostitución, es decir, también se castiga ayudar a que la menor continúe o mejore esa actividad. Por último, es especialmente relevante que la orientación se materialice en actos concretos de prostitución y en un lucro económico para el acusado.

En consecuencia, en el caso planteado: la ayuda para anunciarse en Internet y gestionar contactos es un claro favorecimiento/facilitación de la prostitución de la menor y el trío con reparto del pago muestra que el acusado también se lucra de la prostitución de la menor. Así pues, la conducta encaja en el delito del apartado 1 del artículo 188 del Código Penal.

Caso práctico | Delimitación entre acoso sexual del art. 184 CP y conducta inadecuada no típica

PLANTEAMIENTO

1. En una empresa de mensajería trabajan Ana y Luis, ambos repartidores, sin relación jerárquica entre ellos. Llevan tres años coincidiendo en turnos y descansos, mantienen trato cordial y participan en los mismos grupos de mensajería corporativa. Durante varias semanas, Luis envía a Ana, a través del chat interno de la empresa y en persona en el almacén, mensajes y comentarios del siguiente tenor:

- *«Si quieres que hable con el encargado para que no te cambien al turno de tarde, ya sabes... podríamos quedar solos un día en mi casa y pasarlo bien».*

- *«Con ese uniforme estás para comerte entera, si te portas bien conmigo aquí puedes estar muy tranquila en la empresa».*

- En dos ocasiones, en el vestuario, se acerca a escasa distancia, le susurra al oído frases de contenido sexual explícito, y le reitera que puede «ayudarla» con los horarios si accede a mantener relaciones sexuales.

Ana le manifiesta de forma expresa que sus comentarios son molestos e inapropiados y que no quiere ese tipo de trato. Aun así, Luis mantiene durante aproximadamente un mes la misma pauta de conducta, siempre en el contexto del trabajo y vinculando sus propuestas sexuales a supuestas ventajas laborales (turnos más favorables y estabilidad en la empresa). Ana comienza a acudir al trabajo con ansiedad, evita los espacios comunes y acude finalmente a recursos humanos, que traslada los hechos a la dirección de la empresa, presentándose posteriormente denuncia penal.

2. En el mismo centro de trabajo, otro compañero, Marcos, hace en una comida de empresa (fuera del centro y del horario laboral, organizada por los propios trabajadores) varios comentarios jocosos de tono subido (*«aquí estáis todas muy guapas hoy»*, *«si no tuviera novia os sacaría a bailar a todas esta noche»*), sin dirigir ninguna petición individual de contacto o trato sexual a una compañera concreta ni vincular sus bromas a condiciones laborales. Las expresiones resultan de mal gusto para algunas trabajadoras, pero no se reiteran en el tiempo ni se producen en el marco de una relación continuada de prestación de servicios con solicitud de favores sexuales. A la vista de lo anterior, y teniendo en cuenta el art. 184 del CP y la jurisprudencia que lo interpreta, se plantea:

- ¿Constituye la conducta de Luis un delito de acoso sexual del art. 184 del CP?

- ¿Constituye la conducta de Marcos un delito de acoso sexual o, en su caso, alguna otra infracción penal?

RESPUESTA

1. **Sí, la conducta de Luis encaja en el delito de acoso sexual del art. 184 del CP.** Conforme al art. 184 del CP y a la interpretación consolidada en sentencias como la **STS n.º 721/2015, de 22 de octubre, ECLI:ES:TS:2015:4705)**, el acoso sexual exige: (i) solicitud de favores sexuales, para sí o para tercero; (ii) en el ámbito de una relación continuada o habitual de carácter laboral, docente, de prestación de servicios o aná-

loga; y (iii) que la situación creada sea objetivamente intimidatoria, hostil o humillante para la víctima. En el caso:

- **Existe solicitud de favores sexuales**, de forma reiterada, seria e inequívoca, tanto en mensajes escritos como en comunicaciones verbales directas, orientadas a obtener contactos sexuales.

- **Se produce en el marco de una relación continuada de carácter laboral**, entre compañeros de trabajo que comparten centro y turnos, sin que sea necesaria relación jerárquica para el tipo básico.

- **La solicitud se vincula a "ventajas" laborales** (mantener turno, «estar tranquila» en la empresa), lo que incrementa la presión sobre la víctima y refuerza el carácter coactivo del contexto.

- **Se genera una situación objetivamente intimidatoria, hostil y humillante** para Ana, acreditada por la reiteración de las conductas pese a su rechazo expreso, la afectación emocional (ansiedad, evitación de espacios comunes) y la necesidad de acudir a Recursos Humanos y denunciar.

No es preciso contacto físico ni violencia; basta con la mera solicitud de contenido sexual, explícita o implícita, «seria e inequívoca», cuando produce un entorno hostil o humillante. Nos encontramos, prima facie, ante el **tipo básico del art. 184.1 del CP** (acoso sexual en el ámbito laboral entre compañeros), sin perjuicio de que, si se acreditase una posición de hecho de superioridad o una amenaza laboral más concreta, pudiera valorarse el subtipo agravado del art. 184.2 del CP. En todo caso, la conducta es penalmente relevante como acoso sexual consumado desde la primera solicitud que reúne los requisitos típicos, pese a que se prolongue en el tiempo.

2.- No, la conducta de Marcos no constituye delito de acoso sexual del art. 184 del CP, aun cuando sea inadecuada o sancionable en otros ámbitos. Las razones son:

- **Ausencia de verdadera solicitud de favores sexuales**: se trata de comentarios genéricos, de tono sexualizado o machista, pero no de una proposición seria e inequívoca dirigida a obtener un trato sexual concreto para sí o para un tercero, en los términos exigidos por la jurisprudencia.

- **Falta de conexión típica con la relación laboral**: los comentarios se realizan en una comida de empresa organizada por los propios trabajadores, fuera del centro y del horario, sin vincularlos a condiciones de trabajo, decisiones empresariales o expectativas legítimas de la víctima en el ámbito de la relación laboral o de servicios.

- **Carencia de reiteración típica en el marco relacional**: los hechos aparecen como episodios puntuales, no como una pauta persistente que, en el marco de una relación laboral continuada, acabe generando un entorno objetivamente intimidatorio, hostil o humillante.

- **Insuficiencia del contenido para constituir solicitud sexual implícita**: conforme a la STS n.° 721/2015, las solicitudes implícitas deben ser «serias e inequívocas». Comentarios vagos, ambivalentes o en tono de broma, aunque reprobables, no alcanzan por sí solos el umbral de tipicidad penal si no pueden interpretarse objetivamente como proposición sexual.

Lo anterior no obsta a que conducta de Marcos, pueda ser, en su caso:

- Reprochable desde el punto de vista **disciplinario laboral** (por vulneración de protocolos de acoso o de la dignidad en el trabajo).

- Relevante en la esfera **civil o de prevención de riesgos laborales**, si contribuye a un clima laboral inadecuado.

Caso práctico | ¿Qué consecuencias penales se derivan de la transmisión de VIH durante una práctica de «stealthing»?

PLANTEAMIENTO

Bruno y Carla conciertan mantener relaciones sexuales con la condición expresa, impuesta por Carla, de que Bruno utilice preservativo durante todo el acto. Iniciada la relación con preservativo, Bruno se lo retira subrepticiamente a mitad del coito sin que Carla lo advierta y, aun siendo conocedor de que es portador de VIH, continúa la penetración vaginal sin protección. Tiempo después, Carla descubre que Bruno se quitó el preservativo sin su consentimiento, al comprobar que ha dado positivo en un test de VIH.

1. ¿Sería delictivo el comportamiento de Bruno, aunque no se hubiera acreditado ninguna consecuencia lesiva para Carla?

2. ¿Tiene relevancia penal autónoma la transmisión de VIH como resultado del *stealthing*?

3. En caso afirmativo, ¿se derivarían consecuencias penales distintas para Bruno dependiendo de si Carla sabía o no que era portador de la ITS?

RESPUESTA

1. Sí, el comportamiento de Bruno es punible como un delito de agresión sexual por stealthing, aunque no se produzca ni se acredite inicialmente ninguna consecuencia lesiva para Carla. La **STS n.° 603/2024, de 14 de junio, ECLI:ES:TS:2024:3418**, declara que la retirada subrepticia del preservativo durante el acto sexual previamente condicionado a su uso (stealthing) constituye un **delito de agresión sexual del art. 178.1 del CP**, al existir un aliud respecto de lo consentido: la víctima consintió una relación con preservativo y lo que se ejecuta es una relación sin preservativo. La relevancia penal deriva de la **alteración esencial de las condiciones del acto sexual**, no de la producción de un resultado lesivo sobre la salud:

- El bien jurídico protegido es la **libertad sexual**, entendida como la facultad de decidir sobre el **tipo** de práctica sexual aceptada.
- El delito se consuma con la realización del acto sexual distinto al consentido (aliud), sin exigirse resultado adicional alguno.

Por tanto, **desde el primer momento** (antes incluso de conocerse la existencia de contagio) concurren los elementos del **delito de agresión sexual del art. 178.1 CP**:

- **Acto de carácter sexual** (penetración vaginal).
- **Ausencia de consentimiento** respecto del modo esencial de la práctica (uso de preservativo), al haberse retirado subrepticiamente.
- **Elemento subjetivo**: dolo de realizar un acto sexual distinto del consentido.

La consumación y la punibilidad del stealthing **no dependen** de que se acredite una lesión posterior a la salud de la víctima.

2. Sí. La transmisión del VIH tiene relevancia penal autónoma como **delito de lesiones**, en concurso ideal con el delito de agresión sexual por stealthing, cuando se acredita el contagio y la concurrencia del correspondiente dolo (directo o eventual) sobre dicho resultado.

La **STS n.º 690/2019, de 11 de marzo de 2020, ECLI:ES:TS:2020:806**, sistematiza la doctrina sobre el contagio de VIH y su relevancia penal en el ámbito de las lesiones, precisando, en síntesis:

- El **contagio de VIH** constituye un menoscabo grave y permanente de la salud, susceptible de integración en las **lesiones dolosas** de los arts. 147 y ss. CP, y, según la entidad del cuadro clínico, en las formas agravadas de los arts. 149-150 del CP.

- La conducta es punible no solo cuando el autor persigue **intencionalmente** el contagio, sino también cuando, **sabiendo que es portador** del VIH, mantiene relaciones de riesgo (p. ej., sin preservativo), **aceptando conscientemente** la alta probabilidad de transmisión (dolo eventual).

- La **aceptación del riesgo** en estas circunstancias trasciende el ámbito de la mera imprudencia, pudiendo integrar dolo eventual cuando el sujeto, pese a representarse seriamente el resultado, sigue actuando.

Aplicando esta doctrina al supuesto planteado:

- Bruno **conoce** que es portador de VIH.

- Retira **subrepticiamente** el preservativo y continúa la penetración vaginal sin protección, creando una situación de **riesgo elevado y típico** de transmisión de la infección.

- Si se acredita que Carla **resulta contagiada**, dada la forma en que se desarrolla el acto (relación sin preservativo aceptando el riesgo), el resultado es imputable a Bruno, **al menos a título de dolo eventual**.

En consecuencia, la conducta de Bruno integra un **delito de agresión sexual** del art. 178.1 del CP por stealthing en **concurso ideal** con un **delito de lesiones dolosas** por el contagio de VIH, dada la gravedad del menoscabo de la salud y la aceptación consciente del riesgo de transmisión. Toda vez que la transmisión de VIH no es un efecto inherente o consustancial a la agresión sexual (como pueden serlo, por ejemplo, los hematomas o erosiones leves derivados del forcejeo), la lesión no queda absorbida por el delito de stealthing.

3. No, en este caso, el conocimiento o desconocimiento por parte de Carla de que Bruno es portador de VIH no modificaría de forma relevante la respuesta penal respecto del contagio, ya que ella exigió a Bruno el uso de preservativo y él incumplió la condición de forma subrepticia. **Aunque Carla supiera de la ITS**, al creer que están usando el preservativo adecuadamente, **no estaría consintiendo su heteropuesta en peligro** en los términos de la STS n.º 690/2019, de 11 de marzo de 2020, y, por tanto, el resultado lesivo es objetiva y subjetivamente imputable a Bruno, que conocía el riesgo y lo aceptó al retirar el preservativo, encajando en un delito de lesiones dolosas. En definitiva, solo en contextos de consentimiento informado y pleno en la asunción del riesgo de contagio cabría discutir la punibilidad; pero que, cuando el riesgo se impone engañando o desbordando el sí de la víctima, la transmisión de VIH es típica y antijurídica como delito de lesiones, sumado al ilícito sexual.